Cognitieve Gedragstherapie (CGT) Voor Beginners

Bevrijd uzelf van negatieve patronen en transformeer uw leven.

Auteur: Joseph Rabie

Inleiding

Bent u klaar om een krachtige benadering te ontdekken waarmee u controle kunt krijgen over uw geest, ongewenst gedrag kunt veranderen en een vervullend en bevredigend leven kunt creëren? Welkom in de wereld van cognitieve gedragstherapie.

Dit boek is speciaal ontworpen voor beginners die de fundamenten van cognitieve gedragstherapie (CGT) willen verkennen en er concrete voordelen uit willen halen. Of u nu worstelt met angst, depressie, eetstoornissen, fobieën of een andere emotionele uitdaging, deze uitgebreide gids zal u helpen de essentiële principes van CGT te begrijpen en toe te passen om uw leven te transformeren.

Cognitieve gedragstherapie is een breed erkende en effectieve therapeutische benadering, gebaseerd op het idee dat onze gedachten, emoties en gedrag nauw met elkaar verbonden zijn. Door deze verbanden te begrijpen en specifieke technieken te gebruiken, kunt u negatieve denkpatronen en destructief gedrag identificeren en veranderen dat u beperkt.

In dit boek zullen we u begeleiden door de basisprincipes van CGT, waarbij we de fundamentele principes die aan deze benadering ten grondslag liggen, in duidelijke en toegankelijke bewoordingen uitleggen. U leert automatische denkpatronen herkennen die uw negatieve emoties voeden, en u ontdekt hoe u ze constructief kunt herstructureren. U zult ook gedragstechnieken verkennen, zoals blootstelling en responspreventie, die u zullen helpen angsten en beperkend gedrag te overwinnen.

De kracht van dit boek ligt in de praktische benadering. We zullen u praktische tools, oefeningen en concrete voorbeelden geven om u te helpen de concepten van CGT in uw dagelijks leven toe te passen. U leert duidelijke therapeutische doelen op te stellen en uw eigen behandelingsprogramma te plannen, waarbij u de technieken aanpast aan de specifieke uitdagingen waarmee u wordt geconfronteerd.

Bovendien zullen we ook specifieke toepassingen van CGT behandelen voor veelvoorkomende problemen zoals angst, depressie, eetstoornissen en nog veel meer. U zult ontdekken hoe deze benadering kan worden aangepast aan verschillende contexten en situaties, en zo een holistisch perspectief biedt op uw mentale welzijn.

Of u nu volledig nieuw bent in therapie of al enige ervaring heeft, dit boek biedt u diepgaande kennis en praktisch advies om uw reis naar een meer gebalanceerd en vervullend leven te beginnen. Door de principes van CGT toe te passen, zult u in staat zijn om uw obstakels te overwinnen, beperkende denkpatronen te veranderen en nieuwe mogelijkheden voor uzelf te creëren.

Het is tijd om de controle te nemen over uw geestelijke en emotionele welzijn. Maak u klaar om de wonderen van cognitieve gedragstherapie te verkennen en uw volledige potentieel te ontketenen. Dit boek is uw essentiële gids om uw reis naar blijvende persoonlijke transformatie te beginnen. Bereid u voor om de kracht van cognitieve gedragstherapie te ontdekken en vandaag nog de controle over uw leven te nemen.

Het begrijpen van cognitieve gedragstherapie

▍1.1 Wat is cognitieve gedragstherapie?

Cognitieve gedragstherapie (CGT) is een therapeutische benadering gebaseerd op het principe dat onze gedachten, emoties en gedragingen met elkaar interageren en van invloed zijn op ons geestelijk welzijn. Het heeft als doel negatieve denkpatronen en onaangepast gedrag te identificeren en te veranderen die bijdragen aan psychologische en emotionele problemen. CGT is gebaseerd op het idee dat onze automatische gedachten, dat wil zeggen de gedachten die spontaan in ons opkomen, een significante invloed kunnen hebben op onze stemming en gedrag. Als we de neiging hebben om negatieve of irrationele gedachten te hebben, kan dit leiden tot negatieve emoties en ongezond gedrag. CGT probeert daarom deze automatische gedachten te identificeren en te vervangen door meer realistische en positieve gedachten. Bovendien legt CGT de nadruk op waarneembaar gedrag. Het erkent dat onze acties en gedragingen kunnen bijdragen aan het in stand houden van onze psychologische problemen. Daarom maakt CGT gebruik van gedragstechnieken zoals geleidelijke blootstelling, responspreventie en het aanleren van sociale vaardigheden om individuen te helpen hun problematische gedrag te veranderen.

Een beetje geschiedenis:

Cognitieve gedragstherapie (CGT) werd ontwikkeld in de jaren 1960 door verschillende psychologen en psychiaters. Aaron T. Beck, een Amerikaanse psychiater, wordt beschouwd als een van de belangrijkste grondleggers van CGT. Hij ontwikkelde deze therapeutische benadering oorspronkelijk voor de behandeling van depressie, maar het gebruik ervan werd later uitgebreid naar andere psychologische stoornissen.

De exacte omstandigheden van de oprichting ervan kunnen variëren afhankelijk van de bronnen, maar over het algemeen ontstond CGT uit de behoefte om alternatieven te vinden voor de dominante psychoanalytische en psychodynamische benaderingen van die tijd. Vroeg onderzoek benadrukte het belang van gedachten en gedragingen bij de ontwikkeling en instandhouding van psychologische stoornissen, wat leidde tot de ontwikkeling van CGT.

Aaron T. Beck merkte op dat depressieve patiënten negatieve en vertekende denkpatronen hadden die bijdroegen aan hun emotionele distress. Hij ontwikkelde technieken om patiënten te helpen deze denkpatronen te identificeren en in twijfel te trekken, wat leidde tot de opkomst van cognitieve therapie. Tegelijkertijd werkten andere psychologen aan het gedragsmatige aspect door technieken zoals klassieke en operante conditionering te gebruiken om problematisch gedrag te behandelen. De combinatie van deze benaderingen leidde tot de oprichting van CGT, die zowel cognitieve als gedragsaspecten integreert.

Sinds de oprichting ervan is CGT uitgebreid bestudeerd en ontwikkeld. Het is uitgegroeid tot een van de meest gebruikte en effectieve therapeutische benaderingen voor een verscheidenheid aan psychologische stoornissen.

1.2 De fundamentele principes van cognitieve gedragstherapie

CGT is gebaseerd op verschillende fundamentele principes die de therapeutische benadering sturen:

1. Cognitie beïnvloedt emotie en gedrag:

Cognitieve gedragstherapie (CGT) is gebaseerd op het principe dat onze gedachten, emoties en gedragingen met elkaar verbonden zijn. Cognitie, ons denkproces, beïnvloedt rechtstreeks onze emoties en gedragingen. CGT erkent dat negatieve denkpatronen, cognitieve vertekeningen en onrealistische overtuigingen kunnen bijdragen aan de ontwikkeling en instandhouding van psychologische problemen zoals depressie, angst, fobieën, enzovoort. Wanneer we negatieve of irrationele gedachten hebben, kunnen deze negatieve emoties zoals verdriet, angst, woede, enzovoort veroorzaken. Bijvoorbeeld, als we een irrationele overtuiging hebben zoals *"Ik ben een totale mislukking,"* kan dit gevoelens van zelfverachting en ontmoediging genereren. Deze emoties beïnvloeden op hun beurt ons gedrag, zoals het vermijden van moeilijke situaties, uitstelgedrag, agressie, enzovoort.

CGT streeft ernaar deze negatieve denkpatronen te identificeren en in twijfel te trekken, om ze te vervangen door realistischere en positievere gedachten. Door onze gedachten te veranderen, kunnen we een positieve invloed uitoefenen op onze emoties en gedragingen. Bijvoorbeeld, als we in staat zijn om de irrationele overtuiging *"Ik ben een totale mislukking"* in twijfel te trekken en te vervangen door een realistischere gedachte zoals *"Ik heb bepaalde situaties met succes doorstaan, ondanks tegenslagen"*, kunnen we een toename van zelfrespect ervaren en meer motivatie voelen om uitdagingen aan te gaan.

Praktisch blad 1:

Stap 1: Identificatie van negatieve denkpatronen

- Bewustwording van uw terugkerende negatieve gedachten in specifieke situaties.
- Identificeer cognitieve vertekeningen, zoals overmatige generalisatie, dichotoom denken (alles of niets), selectieve filtratie, enz.

Voorbeeld: *"Ik ben slecht in het openbaar. Ik zal zeker stotteren en iedereen zal me beoordelen."*

Stap 2: Beoordeling van het bewijs

- Vraag uzelf af of er concrete bewijzen zijn om uw negatieve gedachten te ondersteunen.
- Onderzoek uw eerdere ervaringen, successen en momenten waarop uw negatieve gedachten niet uitkwamen.

Voorbeeld: *"Zijn er momenten waarop het me gelukt is om in het openbaar te spreken zonder enig probleem?"*

Stap 3: Vervanging van negatieve denkpatronen

- Genereer alternatieve en realistischere gedachten om negatieve denkpatronen te vervangen.
- Gebruik logische en objectieve argumenten om de cognitieve vervormingen te weerleggen.

Voorbeeld: *"Ik kan me voorbereiden, mijn toespraak oefenen en onthouden dat iedereen fouten maakt. Mensen zullen vergevingsgezinder zijn dan ik denk."*

Stap 4: Oefen met nieuwe gedachten

- Oefen regelmatig met het gebruik van je nieuwe realistische gedachten in situaties die gewoonlijk negatieve gedachten triggeren.
- Maak aantekeningen van de verschillen die je opmerkt in je emoties en gedrag.

Voorbeeld: Oefen je toespraak terwijl je je nieuwe realistische gedachten herinnert en observeer hoe dit van invloed is op je zelfvertrouwen en je vermogen om effectief te communiceren.

Door deze stappen van Cognitieve Gedragstherapie (CGT) te volgen, kun je beginnen je negatieve denkpatronen te veranderen en zo positieve invloed uitoefenen op je emoties en gedragingen. Het is belangrijk om regelmatig te oefenen en geduld te hebben, omdat het tijd kan kosten om deze nieuwe denkpatronen in je dagelijks leven te verankeren.

2. Focus op het heden :

Cognitieve Gedragstherapie (CGT) kenmerkt zich door de focus op het heden, wat betekent dat de nadruk ligt op actuele problemen en symptomen in plaats van exclusief te richten op het verleden. Deze benadering is gebaseerd op verschillende psychologische principes.

1) **Het belang van het hier en nu :** CGT is gebaseerd op het principe dat psychologische problemen vaak geworteld zijn in actuele denkpatronen en gedragingen. Door te focussen op het heden kunnen therapeuten individuen helpen specifieke moeilijkheden te identificeren die ze in hun dagelijks leven tegenkomen en strategieën ontwikkelen om ermee om te gaan.

2) **Vermindering van piekeren en vermijding :** Door zich te richten op het heden probeert CGT overmatig piekeren over het verleden en angstige anticipatie over de toekomst te verminderen. Piekeren is het verstrikt

raken in negatieve gedachten en het herkauwen van gebeurtenissen uit het verleden, terwijl vermijding het vermijden van situaties die angst veroorzaken inhoudt. Door de nadruk te leggen op het heden moedigt CGT individuen aan om actief betrokken te zijn in het huidige moment en om te gaan met actuele uitdagingen in plaats van verstrikt te raken in negatieve denkpatronen of moeilijke situaties te vermijden.

3) **Gebruik van concrete en praktische technieken** : CGT richt zich op praktische en specifieke interventies die in het dagelijks leven kunnen worden toegepast. Het biedt strategieën zoals mindfulness, probleemoplossing, aanpassing van disfunctioneel gedrag, enz., om individuen te helpen omgaan met huidige moeilijkheden. Deze technieken stellen individuen in staat om aanpassingsvaardigheden te ontwikkelen en hun emotionele en gedragsmatige functioneren in het heden te verbeteren.

Praktische Handleiding 2 :

Stap 1: Identificatie van huidige moeilijkheden

- Neem bewustzijn van de specifieke problemen en symptomen die u momenteel in uw dagelijks leven ervaart.
- Identificeer denkpatronen of gedragingen die bijdragen aan deze moeilijkheden.

Voorbeeld : *"Ik ervaar vaak overweldigende angst op het werk en voel me niet in staat om aan de professionele eisen te voldoen."*

Stap 2: Ontwikkeling van aanpassingsstrategieën

- Identificeer de technieken van CGT die u kunnen helpen om met uw huidige moeilijkheden om te gaan.
- Leer praktische vaardigheden zoals mindfulness, probleemoplossing of het aanpassen van problematisch gedrag.

Voorbeeld: *"Ik zal mindfulness oefenen om op het werk alert en kalm te blijven. Ik zal ook de probleemoplossingstechniek gebruiken om moeilijke taken gestructureerd aan te pakken."*

Stap 3: Toepassen in het heden

- Pas de geleerde strategieën toe in uw dagelijks leven.

- Neem actief deel aan het huidige moment en ga de uitdagingen aan in plaats van ze te vermijden.

Voorbeeld: Oefen mindfulness op het werk door je te richten op je ademhaling en het observeren van je gedachten en emoties zonder oordeel. Pas probleemoplossing toe door concrete stappen te identificeren om met stressvolle taken om te gaan.

Door deze stappen van Cognitieve Gedragstherapie te volgen, kunt u zich richten op huidige problemen en praktische strategieën ontwikkelen om ze op te lossen. Door actief deel te nemen aan het heden, kunt u uw emotioneel welzijn verbeteren en uw algemene functioneren in het dagelijks leven versterken.

3. De gestructureerde en doelgerichte benadering:

De gestructureerde en doelgerichte benadering is een van de belangrijkste kenmerken van cognitieve gedragstherapie (CGT). Deze aanpak is gebaseerd op verschillende psychologische en therapeutische principes.

1) **De noodzaak van structuur en planning:** CGT erkent het belang van een duidelijke structuur en nauwkeurige planning van therapeutische sessies. Dit maakt het mogelijk om een consistente therapeutische basis te leggen en de effectiviteit van de behandeling te maximaliseren. Met een gedefinieerde structuur kunnen therapeuten en patiënten systematisch en georganiseerd werken aan therapeutische doelen.

2) **Het vaststellen van duidelijke therapeutische doelen:** In CGT werken therapeut en patiënt samen om specifieke en meetbare doelen vast te stellen. Deze doelen zijn meestal gerelateerd aan de huidige problemen van de patiënt en de doelstellingen voor de behandeling. Het vaststellen van duidelijke doelen zorgt voor een gemeenschappelijke focus en therapeutische richting, wat de betrokkenheid en motivatie van de patiënt bevordert.

3) **Het ontwikkelen van een concreet behandelplan:** Nadat de doelen zijn vastgesteld, omvat CGT het ontwikkelen van een concreet behandelplan. Dit plan kan verschillende technieken en specifieke interventies bevatten die zijn afgestemd op de behoeften van de patiënt. Het behandelplan is meestal gebaseerd op bewezen protocollen en op bewijs gebaseerde interventies, wat bijdraagt aan de effectiviteit van de therapie.

4) **De samenwerking tussen therapeut en patiënt:** CGT is gebaseerd op actieve samenwerking tussen therapeut en patiënt. De therapeut begeleidt het therapeutische proces, biedt informatie en technieken en helpt de patiënt om zijn doelen te bereiken. De patiënt is actief betrokken bij zijn eigen genezingsproces, neemt actief deel aan de sessies en past de verworven vaardigheden toe tussen de sessies.

Stapsgewijze praktijkgids:

Stap 1: Vaststellen van therapeutische doelen

- Werk eraan om specifieke problemen te identificeren die u wilt aanpakken.
- Duidelijke, meetbare en haalbare doelen stellen om deze problemen op te lossen.

Voorbeeld: *"Mijn therapeutische doel is om mijn sociale angst te beheersen en communicatievaardigheden te ontwikkelen, zodat ik me comfortabeler voel in sociale interacties."*

Stap 2: Ontwikkeling van een behandelplan

- Een concreet behandelplan opstellen.
- Specifieke technieken en interventies identificeren die zullen worden gebruikt om uw doelen te bereiken.

Voorbeeld: Het behandelplan kan sessies met geleidelijke blootstelling aan sociale situaties omvatten, cognitieve herstructureringsstrategieën om negatieve gedachten uit te dagen, en assertieve communicatieoefeningen om sociale vaardigheden te ontwikkelen.

Stap 3: Implementatie van het behandelplan

- Actief werken aan het in praktijk brengen van de technieken en interventies van het behandelplan.
- Volg de specifieke stappen die zijn gedefinieerd in het plan, en engageer u volledig in de aanbevolen oefeningen en praktijken.

Voorbeeld: Neem deel aan graduele exposure-sessies met de ondersteuning van uw therapeut, oefen cognitieve herstructurering door negatieve gedachten te identificeren en uit te dagen tijdens sociale interacties, en train in assertieve communicatievaardigheden in echte situaties.

Door deze stappen van CGT te volgen, kunt u profiteren van een gestructureerde en doelgerichte aanpak. Het concrete behandelplan en de samenwerking met uw therapeut stellen u in staat om gericht en effectief te werken aan het oplossen van uw specifieke problemen.

4. Leren door ervaring:

CGT stimuleert experimentatie en actief leren. Patiënten worden aangemoedigd om nieuwe manieren van denken en gedrag uit te proberen in echte situaties om nieuwe vaardigheden en perspectieven te ontwikkelen.

1.3 Waarom kiezen voor cognitieve gedragstherapie?

Er zijn vele redenen waarom cognitieve gedragstherapie een populaire en effectieve benadering is voor de behandeling van psychische problemen:

- **Bewezen effectiviteit:** CGT wordt ondersteund door talrijke wetenschappelijke studies die haar effectiviteit aantonen bij de behandeling van een breed scala aan aandoeningen, zoals angst, depressie, eetstoornissen, fobieën en nog veel meer.
- **Praktische en concrete aanpak:** CGT biedt praktische tools en technieken die direct kunnen worden toegepast in het dagelijks leven. Patiënten leren specifieke vaardigheden om hun gedachten en gedrag te beheren, waardoor ze actief betrokken kunnen zijn bij hun mentale welzijn.

- **Duurzaamheid van resultaten:** Door zich te richten op denkpatronen en gedrag, streeft CGT naar blijvende veranderingen. Patiënten verwerven vaardigheden die ze zelfs na het einde van de therapie kunnen blijven gebruiken, waardoor ze op lange termijn hun welzijn kunnen behouden.

- **Aanpasbaarheid:** CGT kan worden aangepast aan verschillende problemen en individuen. Het kan worden gebruikt om verschillende stoornissen te behandelen en kan worden aangepast aan de specifieke behoeften van elke patiënt.

- **Samenwerking therapeut-patiënt:** CGT is een samenwerkingsbenadering waarbij de therapeut en de patiënt samenwerken om doelen te stellen, strategieën te ontwikkelen en problemen op te lossen. De patiënt wordt aangemoedigd om actief betrokken te zijn bij zijn eigen herstel, wat autonomie en empowerment bevordert.

Door te kiezen voor cognitieve gedragstherapie (CGT) kiest u voor een bewezen en praktische aanpak om uw emotionele en gedragsproblemen te overwinnen. Of u nu te maken heeft met angst, depressie of andere problemen, CGT kan u de tools en vaardigheden bieden die u nodig hebt om uw leven te transformeren en blijvend welzijn te bereiken.

De beperkingen van cognitieve gedragstherapie (CGT).

Hoewel cognitieve gedragstherapie (CGT) een veelgebruikte en effectieve therapeutische benadering is, heeft het ook enkele beperkingen. Het is belangrijk om deze te erkennen om een evenwichtig perspectief te hebben:

1. **Beperkte aanpassingsmogelijkheden :** CGT is ontwikkeld om een breed scala van psychologische problemen aan te pakken, maar het is mogelijk niet geschikt voor alle individuen of alle problemen. Iedere persoon is uniek en heeft verschillende behoeften en voorkeuren op het gebied van behandeling. Het is dus normaal dat sommige mensen baat hebben bij een andere of aanvullende therapeutische benadering om de beste resultaten te behalen. Ernstige persoonlijkheidsstoornissen kunnen bijvoorbeeld

meer gespecialiseerde en intensieve benaderingen vereisen, zoals dialectische gedragstherapie (DGT) of psychodynamische therapie..

2. **Inspanning en betrokkenheid vereist** : CGT vereist actieve betrokkenheid en voortdurende inspanningen van de patiënt om blijvende resultaten te behalen. Onaangepaste denkpatronen en gedragingen zijn vaak diepgeworteld en hebben tijd en oefening nodig om te veranderen. Het is dus normaal dat verandering niet van de ene op de andere dag plaatsvindt. Onderzoek toont aan dat de actieve betrokkenheid van de patiënt bij de therapie en het toepassen van geleerde technieken belangrijke factoren zijn voor het succes van de behandeling (David et al., 2018).

3. **Beperkingen bij diepgaande problemen** : CGT kan beperkingen hebben bij de behandeling van diepgaande en complexe psychologische problemen, zoals ernstige persoonlijkheidsstoornissen. Deze problemen zijn vaak geworteld in diepgewortelde denkpatronen en trauma's die een intensievere en gespecialiseerde therapeutische aanpak vereisen. Onderzoek suggereert dat persoonlijkheidsstoornissen mogelijk langere en meer specifieke behandelingen nodig hebben, zoals psychodynamische therapie, voor optimale resultaten (Leichsenring et al., 2017).

4. **Afhankelijkheid van de therapeutische relatie** : CGT steunt vaak op een sterke en vertrouwensvolle relatie tussen de patiënt en de therapeut. De therapeutische alliantie, dat wil zeggen de kwaliteit van de relatie tussen de patiënt en de therapeut, is geïdentificeerd als een sleutelfactor voor de effectiviteit van de behandeling (Norcross & Lambert, 2018). Het is dus normaal dat als deze relatie niet is opgebouwd of als de patiënt moeite heeft om volledig betrokken te raken bij het therapeutische proces, de resultaten beperkt kunnen zijn. Dit benadrukt het belang van het vinden van een therapeut waarmee de patiënt zich op zijn gemak voelt en vertrouwen heeft.

5. **Beperkingen van empirisch onderzoek** : Hoewel veel studies de effectiviteit van CGT hebben aangetoond, is het belangrijk op te merken dat onderzoeksresultaten methodologische beperkingen kunnen hebben. Bijvoorbeeld, sommige studies kunnen gebaseerd zijn op beperkte

steekproeven of houden geen rekening met de diversiteit van individuele reacties. Bovendien is elk individu uniek en kan verschillend reageren op een specifieke behandeling op basis van persoonlijke kenmerken. Het is dus normaal om onderzoeksresultaten te beschouwen als algemene trends in plaats van absolute garanties voor therapeutisch succes.

6. **Geen wondermiddel** : CGT, net als elke therapeutische benadering, garandeert geen 100% positieve resultaten. Elk individu en elke situatie is uniek, en het therapeutische succes hangt af van talrijke factoren, zoals de motivatie van de patiënt, sociale ondersteuning, de ernst van het probleem, enz. Het is normaal dat sommige mensen langdurige therapie of aanvullende benaderingen nodig hebben om de beste resultaten te behalen in hun genezingsproces.

Deze beperkingen betwisten de algemene effectiviteit van CGT niet, maar benadrukken eerder dat elke therapeutische benadering zijn eigen sterke en zwakke punten heeft. Het is ook cruciaal om de behandeling te vinden die het beste bij elk individu past, rekening houdend met hun specifieke behoeften en situatie.

De basis van cognitieve gedragstherapie

Cognitieve gedragstherapie is gebaseerd op twee onderling verbonden theoretische modellen: het cognitieve model en het gedragsmodel. Deze twee benaderingen vullen elkaar aan om een krachtige geïntegreerde benadering te vormen.

2.1 Het cognitieve model

Het cognitieve model richt zich op de gedachten, overtuigingen en interpretaties die we hebben over onszelf, anderen en de wereld om ons heen. Het onderzoekt hoe deze cognitieve aspecten onze emoties en gedrag beïnvloeden. Hier zijn psychologische en psychische verklaringen over het cognitieve model en hoe het werkt:

1. **Automatische gedachten :**

Automatische gedachten zijn spontane en snelle gedachten die opkomen als reactie op specifieke situaties. Ze worden vaak beïnvloed door onze denkpatronen en fundamentele overtuigingen. Deze automatische gedachten kunnen positief, negatief of neutraal zijn en hebben directe invloed op onze emotionele ervaring. Ze zijn meestal onmiddellijk en komen zonder bewuste inspanning voor. Ze kunnen worden geactiveerd door gebeurtenissen, stimuli of situaties die herinneringen oproepen aan eerdere ervaringen of die geassocieerd zijn met specifieke emoties.

Bijvoorbeeld, stel je voor dat je wordt uitgenodigd om een presentatie te geven voor een grote groep mensen. Je automatische gedachten zouden als volgt kunnen zijn:

- **Positieve automatische gedachte :** *"Ik ben zelfverzekerd en goed voorbereid, ik zal deze presentatie succesvol afronden."*
- **Negatieve automatische gedachte :** *"Ik zal stotteren en fouten maken, iedereen zal me beoordelen en om me lachen."*

Deze automatische gedachten kunnen variëren van persoon tot persoon, afhankelijk van hun denkpatronen en fundamentele overtuigingen. Ze worden vaak beïnvloed door onze eerdere ervaringen, onze percepties van onszelf, anderen en de wereld, evenals onze verwachtingen en zorgen.

Automatische gedachten kunnen nuttig zijn omdat ze ons in staat stellen een situatie snel te beoordelen en te interpreteren. Ze kunnen ons helpen snelle beslissingen te nemen en op een adaptieve manier te reageren. Echter, wanneer onze automatische gedachten negatief, irrationeel of gebaseerd zijn op disfunctionele denkpatronen, kunnen ze negatieve emoties

In cognitieve gedragstherapie is het essentieel om automatische gedachten te identificeren, omdat ze waardevolle indicatoren kunnen zijn van onderliggende denkpatronen die bijdragen aan onze emotionele en gedragsproblemen. Door ons bewust te worden van onze automatische gedachten kunnen we ze realistisch beoordelen, irrationele of niet-benutte gedachten in twijfel trekken en ze vervangen door meer adaptieve en realistische gedachten. Dit helpt om onze emotionele reacties en gedragingen te veranderen en draagt bij aan verbeterd mentaal welzijn.

2. Denkpatronen:

Denkpatronen zijn duurzame en stabiele denkmodellen die onze waarneming en interpretatie van gebeurtenissen beïnvloeden. Deze patronen ontstaan in de loop van de tijd uit onze eerdere ervaringen, opvoeding, sociale interacties en culturele invloeden. Ze zijn vaak diepgeworteld en kunnen automatisch geactiveerd worden in vergelijkbare situaties. Ze worden gevormd in onze cognitieve en emotionele ontwikkeling, voornamelijk tijdens de kindertijd en adolescentie. Vroege

Hier zijn enkele voorbeelden van gangbare denkpatronen:

- **Perfectionisme-denken:** Iemand met dit denkpatroon heeft zeer hoge verwachtingen van zichzelf en anderen. Ze geloven dat alles perfect moet zijn, en als ze die perfectie niet bereiken, bekritiseren ze zichzelf streng en kunnen ze een gevoel van falen ervaren.
- **Mistrust-denken:** Iemand met dit denkpatroon is geneigd anderen te wantrouwen en te geloven dat mensen negatieve of manipulatieve

bedoelingen hebben. Ze kunnen de acties van anderen negatief interpreteren, wat kan leiden tot argwaan en afstand in hun interpersoonlijke relaties.

- **Verlatingsdenkpatroon:** Iemand met dit denkpatroon heeft een diepe angst om verlaten of afgewezen te worden. Ze kunnen automatische gedachten hebben zoals "Iedereen zal me uiteindelijk verlaten" in situaties waarin ze emotioneel kwetsbaar zijn.

Denkpatronen kunnen onze emoties, gedragingen en interacties met anderen beïnvloeden. Ze kunnen ook bijdragen aan het in stand houden van psychische problemen zoals angst, depressie, lage zelfwaardering, enz.

In cognitieve gedragstherapie is het doel om deze niet-adaptieve denkpatronen te identificeren, realistisch te evalueren en indien nodig aan te passen. Dit houdt in dat de fundamentele overtuigingen die deze patronen ondersteunen, worden betwist en vervangen door meer adaptieve en realistische denkpatronen. Dit proces van cognitieve herstructurering is gericht op het bevorderen van meer positieve, constructieve en nauwkeurige gedachten, wat positieve veranderingen in emoties en gedrag kan veroorzaken.

3. Fundamentele overtuigingen:

Fundamentele overtuigingen zijn diep gewortelde overtuigingen over onszelf, anderen en de wereld om ons heen. Ze worden vaak vroeg in onze ontwikkeling gevormd en hebben een aanzienlijke invloed op onze gedachten, emoties en gedragingen. Ze komen vaak voort uit onze ervaringen uit het verleden, onze opvoeding, onze sociale interacties en onze eigen interpretatie van gebeurtenissen. Ze kunnen positief, negatief of neutraal zijn en beïnvloeden hoe we informatie waarnemen en interpreteren.

Bijvoorbeeld, hier zijn enkele voorbeelden van veelvoorkomende fundamentele overtuigingen:

1. **Positieve fundamentele overtuiging**: *"Ik ben het waard om liefde en respect te ontvangen."* Deze positieve fundamentele overtuiging kan iemand zelfvertrouwen geven, gezonde relaties onderhouden en uitdagingen in het leven met optimisme benaderen.

2. **Negatieve fundamentele overtuiging:** *"Ik ben een mislukking en zal nooit slagen."* Deze negatieve fundamentele overtuiging kan iemand constant ongeschikt laten voelen, bang maken om te falen en situaties vermijden die deze overtuiging kunnen bevestigen.

3. **Neutrale fundamentele overtuiging:** *"Het leven is onvoorspelbaar en kan moeilijk zijn."* Deze neutrale fundamentele overtuiging kan iemand helpen realistisch te zijn over de uitdagingen van het leven, voorbereid te zijn op moeilijkheden en vaardigheden te ontwikkelen om ermee om te gaan.

Fundamentele overtuigingen kunnen worden beïnvloed door onze vroege ervaringen, zoals onze relatie met onze ouders, onze interacties met anderen en de boodschappen die we van de samenleving en cultuur hebben ontvangen. Ze kunnen ook worden versterkt door onze denkpatronen, automatische gedachten en huidige interacties. Ze hebben een diepgaande invloed op ons zelfbeeld, onze perceptie van onszelf, anderen en de wereld, evenals op onze emoties en gedragingen. Ze kunnen bijdragen aan het in stand houden van psychologische problemen zoals angst, depressie, lage zelfwaardering, fobieën, enzovoort.

In cognitieve gedragstherapie is het belangrijk om de negatieve, irrationele of niet-helpende fundamentele overtuigingen te verkennen en in twijfel te trekken. Dit omvat het onderzoeken van bewijs dat deze overtuigingen ondersteunt of weerlegt, het identificeren van cognitieve vertekeningen die ze kunnen beïnvloeden en ze vervangen door meer adaptieve en realistische overtuigingen.

Bijvoorbeeld, een persoon die de negatieve fundamentele overtuiging heeft dat "Ik ben een mislukking en zal nooit slagen" zou positieve ervaringen en prestaties in haar leven kunnen verkennen om deze overtuiging in twijfel te trekken. Ze zou ook een meer adaptieve overtuiging kunnen ontwikkelen, zoals "Ik kan leren van mijn fouten en ben in staat om te slagen als ik me toewijd en mijn best doe".

Door negatieve of disfunctionele fundamentele overtuigingen aan te passen, kan men zelfrespect, interpersoonlijke relaties, zelfvertrouwen en algemeen mentaal welzijn verbeteren.

Het cognitieve model helpt ons begrijpen hoe onze gedachten, denkpatronen en fundamentele overtuigingen onze emoties en gedrag beïnvloeden. Het benadrukt dat externe gebeurtenissen niet rechtstreeks onze emoties veroorzaken, maar eerder onze interpretatie van die gebeurtenissen. Daarom kunnen we door onze gedachten te veranderen en negatieve of irrationele automatische gedachten te vervangen door meer adaptieve en realistische gedachten, onze emoties en gedragsreacties veranderen.

Binnen cognitieve gedragstherapie is het essentieel om automatische gedachten te identificeren, dat wil zeggen spontane gedachten die opkomen als reactie op specifieke situaties. Deze automatische gedachten kunnen positief, negatief of neutraal zijn, maar ze hebben directe invloed op onze emotionele ervaring. Als we de neiging hebben om negatieve of irrationele automatische gedachten te hebben, kan dit leiden tot negatieve emoties zoals verdriet, angst of boosheid.

Cognitieve gedragstherapie heeft als doel individuen te helpen hun negatieve automatische gedachten te identificeren, hun realiteitszin te beoordelen en ze te vervangen door meer adaptieve en realistische gedachten. Dit proces van cognitieve herstructurering verandert de perceptie van zichzelf, anderen en de wereld, wat leidt tot positieve veranderingen in emoties en gedrag.

2.2 Het gedragsmodel

Het gedragsmodel richt zich op het observeren en aanpassen van waarneembaar gedrag. Volgens dit model hebben onze gedragingen een aanzienlijke invloed op ons welzijn en onze emoties. Gedrag kan psychologische en emotionele problemen in stand houden, maar het kan ook worden aangepast om positieve resultaten te bevorderen.

Het cognitief-gedragstherapeutische model benadrukt de interactie tussen gedachten, emoties en gedragingen. Naast automatische gedachten en denkpatronen, onderzoekt het gedragsmodel ook hoe onze gedragingen van invloed zijn op onze emotionele beleving en gedachten.

Volgens het gedragsmodel zijn onze gedragingen het resultaat van onze gedachten en emoties, maar ze kunnen deze ook beïnvloeden. Onze handelingen kunnen onze denkpatronen, overtuigingen en emoties versterken of veranderen.

Het gedragsmodel gaat uit van het idee dat gedragsverandering een positief effect kan hebben op ons mentaal welzijn. Bijvoorbeeld, als iemand last heeft van sociale angst, kan vermijden van sociale situaties een onaangepaste gedrag zijn dat de angst versterkt. Door te werken aan alternatieve gedragingen, zoals geleidelijke blootstelling aan sociale situaties en het aanleren van sociale vaardigheden, kan de persoon zijn angst verminderen en negatieve denkpatronen veranderen.

De belangrijkste principes van het gedragsmodel in cognitieve gedragstherapie zijn onder andere:

1. **Blootstelling:** Dit houdt in dat men geleidelijk wordt geconfronteerd met gevreesde of vermeden situaties om angst te verminderen en gerelateerde denkpatronen te veranderen. Bijvoorbeeld, iemand met een spinnenfobie kan worden blootgesteld aan afbeeldingen van spinnen en vervolgens aan echte spinnen in een gecontroleerde omgeving.

2. **Het aanleren van vaardigheden:** Dit omvat het verwerven van nieuwe vaardigheden om met moeilijke situaties om te gaan. Bijvoorbeeld, iemand met sociale angststoornissen kan communicatie-, assertiviteits- en stressbeheersingstechnieken aanleren om sociale interacties beter aan te kunnen.

3. **Het veranderen van de gevolgen:** Dit houdt in dat de gevolgen die ongewenst gedrag versterken of in stand houden, worden veranderd. Bijvoorbeeld, iemand die gewend is om uit te stellen, kan de directe beloningen of vermijdingen die gepaard gaan met uitstelgedrag identificeren en strategieën vinden om ze te veranderen.

4. **Positieve versterking:** Dit omvat het versterken van gewenst gedrag door middel van beloningen of aanmoedigingen. Bijvoorbeeld, iemand die met depressie worstelt, kan realistische dagelijkse doelen stellen en zichzelf belonen wanneer ze deze bereiken.

Door de cognitieve en gedragsbenaderingen te combineren, heeft cognitieve gedragstherapie als doel individuen te helpen zowel hun gedachten als gedragingen aan te passen om hun emotioneel welzijn te verbeteren. Door negatieve denkpatronen, disfunctionele automatische gedachten en onaangepast gedrag te identificeren, kunnen positieve veranderingen worden aangebracht in hoe we denken, voelen en handelen.

Het doel van gedragstherapie is individuen te helpen gezondere en adaptievere gedragingen te ontwikkelen, terwijl schadelijk of beperkend gedrag wordt geëlimineerd.

2.3 De geïntegreerde benadering

De geïntegreerde benadering, ook wel bekend als de geïntegreerde cognitief-gedragsmatige benadering, combineert de principes en technieken van cognitieve therapie en gedragstherapie in een samenhangend therapeutisch kader. Ze erkent dat gedachten, emoties en gedragingen nauw met elkaar verbonden zijn en wederzijds op elkaar inwerken.

De geïntegreerde benadering erkent dat gedachten emoties en gedragingen kunnen beïnvloeden, en dat gedragingen op hun beurt gedachten en emoties kunnen beïnvloeden. Ze richt zich op het verkennen en aanpassen van disfunctionele gedachten en gedragingen, evenals op het aanleren van adaptieve vaardigheden.

Deze benadering benadrukt het belang van begrip van hoe denkpatronen, automatische gedachten, fundamentele overtuigingen en gedragingen met elkaar interageren om onze ervaring te beïnvloeden. Ze maakt gebruik van cognitieve technieken om negatieve of irrationele gedachten te identificeren en ter discussie te stellen, evenals gedragstechnieken om disfunctionele gedragingen te wijzigen en gewenste gedragingen te versterken.

De geïntegreerde benadering combineert technieken zoals:

1. **Cognitieve herstructurering:** Dit houdt in dat negatieve automatische gedachten geïdentificeerd worden, realistisch worden geëvalueerd en vervangen worden door meer aanpassende en realistische gedachten.
2. **Blootstelling:** Dit houdt in dat mensen geleidelijk aan situaties worden blootgesteld die ze vrezen of vermijden, om angst te verminderen en de gerelateerde denkpatronen te veranderen.
3. **Vaardigheden aanleren:** Dit houdt in het verwerven van praktische vaardigheden om met moeilijkheden om te gaan, emoties te beheren en interpersoonlijke relaties te verbeteren.
4. **Positieve versterking:** Dit houdt in het versterken van adaptief en positief gedrag door middel van beloningen en aanmoedigingen.

De geïntegreerde benadering erkent dat elk individu uniek is en dat een gepersonaliseerde aanpak nodig is om aan specifieke behoeften te voldoen. De therapeut zal samenwerken met de cliënt om denkpatronen, fundamentele overtuigingen en problematische gedragingen te identificeren, en samenwerken om effectieve veranderingsstrategieën te ontwikkelen.

Hier is een metafoor om de geïntegreerde benadering van cognitieve-gedragstherapie uit te leggen:

Stel je voor dat je geest een prachtig huis is met meerdere kamers. Elke kamer vertegenwoordigt een dimensie van je mentale ervaring: je gedachten, emoties en gedragingen. De geïntegreerde benadering houdt in dat we elke kamer van je huis verkennen en verbeteren om een harmonieuze omgeving te creëren. In de kamer van gedachten identificeren we negatieve automatische gedachten die je perspectief kunnen vertroebelen. Stel je deze gedachten voor als vuile ramen die het zonlicht filteren. We maken ze schoon met cognitieve herstructurering om de negatieve vlekken te verwijderen en ze te vervangen door helderdere en positievere gedachten, waardoor het licht door de ramen kan schijnen.

In de kamer van emoties onderzoeken we emoties die intens kunnen zijn of moeilijk te beheersen. Denk aan deze emoties als woelige golven die je innerlijke rust kunnen verstoren. We gebruiken gedragstechnieken om je te helpen deze golven te bevaren, te begrijpen en te kalmeren, waardoor er een stillere zee in je ontstaat.

Ten slotte, in de kamer van gedragingen, bekijken we de acties en reacties die problematisch kunnen zijn. Stel je deze gedragingen voor als rommelige meubels die je bewegingsvrijheid belemmeren. We werken samen om de meubels te organiseren, waarbij gedragstechnieken worden gebruikt om maladaptieve gedragingen te veranderen en positievere en constructievere gedragingen te stimuleren.

Het doel van de geïntegreerde benadering is om een harmonieuze mentale woning te creëren, waar gedachten, emoties en gedragingen elkaar op evenwichtige wijze ondersteunen. Door de ramen van de gedachten schoon te maken, de golven van de emoties te kalmeren en de meubels van het gedrag te organiseren, kunt u in een mentale woning wonen waar het goed vertoeven is, wat uw welzijn en persoonlijke groei bevordert.

Door de cognitieve en gedragsmatige aspecten te integreren, heeft deze benadering tot doel een diepgaand en holistisch begrip van psychologische problemen te bieden en duurzame veranderingen te vergemakkelijken in hoe individuen denken, voelen en handelen.

Initiële evaluatie en casusformulering

De initiële evaluatie is een cruciale stap in het proces van cognitieve-gedragstherapie. Het stelt de therapeut in staat essentiële informatie over de patiënt te verzamelen, zijn problemen te beoordelen en een passend behandelplan op te stellen. Deze stap omvat twee belangrijke aspecten: informatie verzamelen en het opstellen van de casusformulering.

3.1 Informatie verzamelen

Het verzamelen van informatie tijdens de initiële evaluatie omvat het verzamelen van gedetailleerde gegevens over het probleem van de patiënt, zijn persoonlijke geschiedenis, medische voorgeschiedenis, huidige problemen en behandeldoelen. Deze stap kan verschillende elementen omvatten, zoals:

1. **Anamnese:** De therapeut stelt vragen over de persoonlijke geschiedenis van de patiënt, zijn familie, zijn ontwikkeling, onderwijs, interpersoonlijke relaties, mogelijke traumatische ervaringen, levensstijl, enz. Het doel is om inzicht te krijgen in de factoren die hebben bijgedragen aan de huidige situatie van de patiënt.

2. **Huidige symptomen en problemen:** De therapeut onderzoekt de specifieke symptomen en problemen die de patiënt ervaart, zoals angst, depressie, slaapproblemen, relationele moeilijkheden, zelfbeeldproblemen, enz. Hij probeert te begrijpen hoe deze symptomen van invloed zijn op het dagelijks leven van de patiënt.

3. **Medische voorgeschiedenis:** De therapeut verzamelt informatie over de medische voorgeschiedenis van de patiënt, waaronder fysieke gezondheidsproblemen, eerdere medische behandelingen, huidige medicatie, allergieën, enz. Deze informatie is belangrijk om de fysieke factoren te beoordelen die van invloed kunnen zijn op de geestelijke gezondheid van de patiënt.

4. **Eerdere behandelingen:** De therapeut onderzoekt de eerdere behandelpogingen van de patiënt, of het nu gaat om therapie, medicatie of andere benaderingen. Dit helpt om te begrijpen wat er eerder is geprobeerd, wat wel of niet heeft gewerkt, en om het behandelplan dienovereenkomstig aan te passen.

5. **Beoordeling van stressfactoren:** De therapeut identificeert de huidige stressfactoren in het leven van de patiënt, zoals werkproblemen, familieproblemen, financiële problemen, enz. Deze factoren kunnen van invloed zijn op de geestelijke gezondheid en moeten worden meegenomen in de casusformulering.

6. **Beoordeling van hulpbronnen en sterke punten:** De therapeut onderzoekt ook de hulpbronnen, vaardigheden en sterke punten van de patiënt, evenals zijn sociaal ondersteuningssysteem. Dit helpt bij het identificeren van de troeven van de patiënt die tijdens de behandeling kunnen worden benut.

Deze informatie wordt verzameld via klinische interviews, vragenlijsten, beoordelingsschalen en andere gestandaardiseerde beoordelingsinstrumenten. Het grondig verzamelen van informatie stelt de therapeut in staat om een algeheel beeld van de patiënt en zijn specifieke behoeften te krijgen, wat de casusformulering en de ontwikkeling van het behandelplan leidt.

Hier is een metafoor om de informatie verzameling tijdens de initiële evaluatie uit te leggen met behulp van de analogie van een puzzel:

Stel je voor dat het begrijpen van de patiënt een complexe puzzel is, bestaande uit vele stukjes. Elk stukje vertegenwoordigt specifieke informatie over de patiënt, zoals zijn persoonlijke geschiedenis, symptomen, medische geschiedenis, huidige problemen, hulpbronnen, enz. Tijdens het verzamelen van informatie gedraagt de therapeut zich als een gepassioneerde onderzoeker die op zoek is naar de verschillende stukjes van de puzzel. Hij onderzoekt nauwkeurig elk hoekje van de puzzel om de ontbrekende stukjes te vinden en ze aan te passen om een volledig beeld te vormen.

De therapeut begint met vragen te stellen over de persoonlijke geschiedenis van de patiënt, alsof hij de stukjes uit het verleden verzamelt om te begrijpen hoe ze samenkomen en de huidige situatie beïnvloeden. Vervolgens richt hij zich op de huidige symptomen en problemen, die als centrale stukjes van de puzzel zijn, en onthullen de uitdagingen waarmee de patiënt wordt geconfronteerd. Tegelijkertijd onderzoekt de therapeut de medische geschiedenis van de patiënt, wat een ander essentieel stuk van de puzzel is. Hij probeert te begrijpen of bepaalde fysieke problemen kunnen bijdragen aan mentale moeilijkheden. Bovendien bekijkt de therapeut eerdere behandelingen, stressfactoren en hulpbronnen van de patiënt, die allemaal belangrijke stukjes zijn om het algehele beeld van de puzzel compleet te maken.

Met behulp van beoordelingstools, klinische interviews en andere technieken verzamelt de therapeut geleidelijk aan de puzzelstukjes en past ze zorgvuldig aan om een samenhangend en begrijpelijk beeld van de patiënt te vormen. Elk verzameld stukje is waardevolle informatie die bijdraagt aan het algehele beeld van de patiënt en de casusformulering leidt. Het verzamelen van informatie tijdens de initiële evaluatie is vergelijkbaar met het in elkaar zetten van een complexe puzzel. De therapeut onderzoekt elk stukje, elk detail en voegt ze zorgvuldig samen om een volledig beeld van de patiënt te vormen. Dit volledige beeld dient als basis voor het ontwikkelen van een gepersonaliseerd en effectief behandelingsplan, waardoor de problemen van de patiënt holistisch en goed geïnformeerd kunnen worden aangepakt.

Hier is een concreet voorbeeld om de informatie verzameling tijdens de initiële evaluatie te illustreren:

Laten we aannemen dat iemand hulp zoekt voor symptomen van gegeneraliseerde angststoornis. De therapeut begint met het stellen van vragen om gedetailleerde informatie te verzamelen over de situatie van de persoon:

1. **Anamnese:** De therapeut vraagt de persoon om zijn persoonlijke geschiedenis te vertellen, inclusief zijn ontwikkeling, opleiding, familie en relaties. Hij ontdekt dat de persoon stressvolle ervaringen heeft gehad tijdens de kindertijd, wat kan bijdragen aan zijn huidige angst.

2. **Symptomen en huidige problemen:** De therapeut onderzoekt de specifieke symptomen van de persoon, zoals angstige gedachten, lichamelijke sensaties van angst, concentratieproblemen en overmatige zorgen. Hij ontdekt dat de angst aanzienlijke invloed heeft op de dagelijkse activiteiten en kwaliteit van leven van de persoon.

3. **Medische geschiedenis:** De therapeut vraagt naar de medische geschiedenis van de persoon. Hij ontdekt dat de persoon een medische aandoening heeft die de symptomen van angst kan verergeren. Dit geeft aan dat een geïntegreerde aanpak met aandacht voor medische aspecten nuttig kan zijn.

4. **Geschiedenis van eerdere behandelingen:** De therapeut vraagt of de persoon eerder behandeling heeft gekregen voor angst. De persoon vermeldt dat ze medicatie hebben geprobeerd, maar dat dit geen blijvende effecten heeft gehad. Dit geeft aan dat andere therapeutische benaderingen kunnen worden onderzocht.

5. **Beoordeling van stressfactoren:** De therapeut onderzoekt de huidige stressfactoren van de persoon. De persoon noemt professionele problemen, relationele moeilijkheden en financiële zorgen. Deze stressfactoren kunnen bijdragen aan angst en moeten in de behandeling worden meegenomen.

6. **Beoordeling van hulpbronnen en sterke punten:** De therapeut probeert de hulpbronnen en sterke punten van de persoon te identificeren. De persoon noemt vaardigheden in stressmanagement en de steun van zijn naaste familie. Deze hulpbronnen kunnen worden gebruikt in het kader van de behandeling om de persoon te helpen bij het omgaan met angst.

Met behulp van deze informatie ontwikkelt de therapeut een algeheel beeld van de situatie van de persoon. Hij identificeert negatieve denkpatronen, fundamentele overtuigingen en emotionele reacties die bijdragen aan de angst van de persoon. Deze begrip leidt tot de casusformulering en de ontwikkeling van een passend behandelplan, dat cognitieve interventies kan omvatten om angstige gedachten uit te dagen, ontspanningstechnieken om de lichamelijke sensaties van angst te beheersen, en strategieën om specifieke stressfactoren aan te pakken.

Dit voorbeeld laat zien hoe grondige informatie verzamelen tijdens de initiële beoordeling een algeheel beeld geeft van de problemen van de persoon, wat helpt bij het sturen van het therapeutische proces en het aanpassen van de behandelingsaanpak.

In het geval van zelftherapie:

Bij zelftherapie wordt informatie autonoom verzameld door de persoon zelf. Dit kan een introspectief proces zijn waarbij de persoon probeert zijn eigen gedachten, emoties, gedragingen en denkpatronen te begrijpen. Hier zijn enkele benaderingen die men kan gebruiken voor het verzamelen van informatie tijdens zelftherapie:

- **Journaling:** Regelmatig je gedachten, emoties, reacties op bepaalde situaties, terugkerende denkpatronen, successen en uitdagingen opschrijven kan een krachtige manier zijn om informatie over jezelf te verzamelen. Hierdoor kun je beter inzicht krijgen in je eigen cognitieve en gedragsmatige patronen.
- **Zelfobservatie:** Je bewust zijn van jezelf en je emotionele reacties, automatische gedachten en gedragingen in verschillende situaties kan aanwijzingen geven over onderliggende denkpatronen. Mentale of schriftelijke observaties maken kan nuttig zijn om afstand te nemen en je reacties te analyseren.
- **Beoordeling van symptomen:** Het gebruik van online beoordelingsvragenlijsten of zelfevaluatietools om symptomen te meten, kan een objectiever beeld geven van de emotionele en mentale toestand. Er zijn tal van online bronnen die zelfevaluatietests aanbieden voor specifieke aandoeningen zoals angst, depressie, enzovoort.
- **Onderzoek en leren:** Het doen van onderzoek naar de theorieën en concepten van cognitieve gedragstherapie kan helpen om kennis op te doen over denkpatronen, cognitieve herstructureringstechnieken,

aangepast gedrag, enzovoort. Deze kennis kan dienen als basis om een beter begrip te krijgen van je eigen mentale en emotionele processen.

Hier is een concreet voorbeeld van gegevensverzameling tijdens de initiële evaluatie: Stel dat u zelftherapie onderneemt om aan uw zelfbeeld te werken. U kunt de volgende stappen volgen om relevante informatie te verzamelen:

1. **Zelfobservatie:** Neem de tijd om uw gedachten, emoties en gedragingen met betrekking tot zelfbeeld te observeren. Maak aantekeningen van de momenten waarop u zelfkritiek heeft, een laag zelfbeeld ervaart of moeite heeft met het accepteren van complimenten. Bijvoorbeeld: U merkt op dat telkens wanneer u een fout maakt of niet aan uw eigen verwachtingen voldoet, u uzelf streng bekritiseert en dingen tegen uzelf zegt zoals "Ik ben zo dom" of "Ik ben nooit goed genoeg." U noteert deze momenten van zelfkritiek en hoe dit uw stemming en zelfvertrouwen beïnvloedt.

2. **Reflectie op persoonlijke geschiedenis:** Denk aan eerdere ervaringen die van invloed zouden kunnen zijn geweest op uw zelfbeeld. Identificeer momenten waarop u mogelijk negatieve of kritische berichten van anderen heeft ontvangen, of waarop gebeurtenissen van invloed waren op uw zelfvertrouwen. Bijvoorbeeld: U herinnert zich een ervaring uit uw adolescentie waarin u op school werd gepest. De constante negatieve opmerkingen en kritiek hebben invloed gehad op uw zelfbeeld en twijfels gezaaid over uw vaardigheden en persoonlijke waarde.

3. **Analyse van automatische gedachten:** Identificeer de negatieve automatische gedachten die opkomen wanneer u uzelf beoordeelt of wanneer u geconfronteerd wordt met situaties die uw zelfbeeld in het geding brengen. Noteer deze gedachten en probeer de terugkerende denkpatronen te begrijpen die bijdragen aan een laag zelfbeeld. Bijvoorbeeld: Wanneer u geconfronteerd wordt met een situatie waarin u in het openbaar moet spreken, merkt u dat negatieve automatische gedachten opkomen, zoals "Anderen zullen over mij oordelen" of "Ik zal een fout maken en iedereen zal het zien." U noteert

deze gedachten en beseft dat ze bijdragen aan een laag zelfbeeld en sociale angst.

4. **Beoordeling van gedrag:** Let op hoe uw zelfbeeld van invloed is op uw gedrag. Merk bijvoorbeeld op of u bepaalde situaties vermijdt of dat u perfectionistisch gedrag vertoont om een laag zelfbeeld te compenseren. Bijvoorbeeld: U vermijdt groepsbijeenkomsten op het werk en belangrijke sociale interacties, wat uw kansen op persoonlijke en professionele groei beperkt.

5. **Identificatie van externe invloeden:** Denk na over de invloed van uw sociale en culturele omgeving op uw zelfbeeld. Houd rekening met sociale normen, familieverwachtingen, giftige relaties of voortdurende vergelijkingen met anderen. Bijvoorbeeld: U denkt na over de sociale normen en familieverwachtingen die van invloed kunnen zijn op uw zelfbeeld. U realiseert zich dat uw familie altijd academisch en professioneel succes heeft gewaardeerd, wat constante druk creëert om perfect te zijn en te slagen in alles wat u onderneemt.

6. **Herkennen van hulpbronnen :** Identificeer interne en externe hulpbronnen die uw zelfbeeld kunnen ondersteunen. Dit kan uw vaardigheden, eerdere prestaties, de steun van naaste vrienden of mentoren, of activiteiten die u voldoening schenken omvatten. Bijvoorbeeld: U merkt op dat u een betrouwbare vriend heeft met wie u uw gevoelens en zorgen kunt delen, en die u onvoorwaardelijk ondersteunt. U merkt ook op dat u vaardigheden en prestaties heeft ontwikkeld in uw carrière die getuigen van uw waarde en capaciteiten.

Door deze informatie te verzamelen, kunt u beginnen met het ontwikkelen van een duidelijker beeld van uw zelfbeeld en de factoren die van invloed zijn op uw zelfvertrouwen. Deze begrip kan dienen als basis voor het ontwikkelen van zelftherapiestrategieën, zoals cognitieve herstructurering om negatieve gedachten uit te dagen, gedragsexperimenten om uw zelfbeeld te versterken, en het verkennen van nieuwe activiteiten die een positiever zelfbeeld bevorderen.

In het geval van zelftherapie moet worden erkend dat de ondersteuning van een gekwalificeerde geestelijke gezondheidsprofessional voordelig kan zijn om het therapeutische proces te begeleiden. Een professional kan externe perspectieven, advies en op maat gemaakte strategieën bieden die het genezingsproces kunnen vergemakkelijken. Indien mogelijk wordt aanbevolen om een professional te raadplegen voor aanvullende en geïnformeerde ondersteuning.

3.2 Het opstellen van de casusformulering

Het opstellen van de casusformulering is een cruciale stap in cognitieve gedragstherapie (CGT), waarbij de verzamelde informatie tijdens de beoordeling wordt geïntegreerd om een algeheel begrip van de zaak te vormen. De casusformulering helpt bij het identificeren van denkpatronen, fundamentele overtuigingen, automatische gedachten, emoties en gedragingen die bijdragen aan de problemen van de persoon. Hier zijn de algemene stappen voor het opstellen van de casusformulering in CGT:

1. **Samenvatting van de informatie:** De therapeut onderzoekt de verzamelde gegevens tijdens de beoordeling, inclusief informatie uit interviews, resultaten van vragenlijsten en beoordelingen, observaties en medische en psychologische geschiedenis. Hij zoekt naar thema's en terugkerende patronen in deze informatie.

2. **Identificatie van denkpatronen en kernovertuigingen:** De therapeut identificeert de denkpatronen en kernovertuigingen die een centrale rol lijken te spelen in de problemen van de persoon. Deze patronen kunnen negatief, irrationeel of disfunctioneel zijn en kunnen bijdragen aan negatieve emoties en problematisch gedrag.

3. **Hypothetische formulering:** De therapeut ontwikkelt een hypothetische formulering van de zaak, die een coherente beschrijving is van de denkpatronen, kernovertuigingen, automatische gedachten, emoties en gedragingen die met elkaar verweven zijn. Deze formulering legt de relaties tussen deze verschillende elementen bloot en legt uit hoe ze elkaar versterken.

4. **Validatie van de formulering met de persoon:** De therapeut deelt de hypothetische formulering met de persoon en bespreekt deze samen. Dit is een samenwerkingsstap waarbij de persoon wordt uitgenodigd om aanvullende informatie te verstrekken, de aspecten

van de formulering te valideren of te verduidelijken. Het doel van deze stap is om een gedeeld begrip te krijgen en de therapeutische samenwerking te versterken.

5. **Gebruik van de formulering om de behandeling te sturen:** De casusformulering wordt gebruikt als leidraad om een behandelplan op maat van de persoon te ontwikkelen. Het helpt de therapeut bij het selecteren van geschikte cognitieve en gedragsinterventies om de geïdentificeerde denkpatronen, kernovertuigingen, emoties en problematische gedragingen aan te pakken.

De casusformulering in de CGT biedt een algeheel beeld van de problemen van de persoon, met de nadruk op de cognitieve en gedragsmatige processen die bijdragen aan zijn of haar problemen. Het biedt een stevige basis om de behandeling op maat te maken en specifieke interventies te begeleiden.

Hier is een concreet voorbeeld om de ontwikkeling van de casusformulering te illustreren: Stel dat u een therapeut raadpleegt voor depressieve symptomen. Hier is hoe de therapeut de formulering van uw zaak zou kunnen ontwikkelen:

1. **Identificatie van denkpatronen:** De therapeut merkt op dat u negatieve denkpatronen heeft zoals piekeren, pessimistisch denken en zelftwijfel. Bijvoorbeeld, u heeft de neiging om te focussen op uw eerdere mislukkingen, uzelf voortdurend te bekritiseren en het ergste te verwachten in situaties.
2. **Verkenning van fundamentele overtuigingen:** De therapeut onderzoekt uw fundamentele overtuigingen over uzelf, anderen en de wereld. Hij ontdekt dat u een onderliggende overtuiging heeft dat u intrinsiek onwaardig bent voor liefde en geluk, en dat anderen onveranderlijk beoordeeld en vijandig zijn. Deze overtuigingen beïnvloeden uw zelfbeeld en uw perceptie van sociale relaties.
3. **Analyse van automatische gedachten:** De therapeut identificeert de automatische negatieve gedachten die naar boven komen wanneer u zich depressief voelt. Bijvoorbeeld, wanneer u een kleine teleurstelling ervaart, denkt u automatisch: "Ik ben een totale mislukking" of "Alles

is mijn schuld". Deze automatische gedachten versterken uw depressie en versterken uw negatieve emoties.

4. **Beoordeling van emoties:** De therapeut onderzoekt de emoties die gepaard gaan met uw depressie, zoals verdriet, verlies van interesse, vermoeidheid en prikkelbaarheid. Hij observeert hoe deze emoties van invloed zijn op uw gedrag, zoals verminderde betrokkenheid bij activiteiten, sociaal isolement en slaapproblemen.

Door deze verschillende informatie te integreren, kan de therapeut een casusformulering ontwikkelen zoals volgt:

> *"Het belangrijkste probleem is depressie, die wordt beïnvloed door negatieve denkpatronen zoals piekeren, pessimistisch denken en zelfafwijzing. Deze denkpatronen worden gevoed door onderliggende fundamentele overtuigingen dat je intrinsiek onwaardig bent voor liefde en geluk, en dat anderen worden beoordeeld en vijandig zijn. Deze negatieve automatische gedachten komen naar boven als reactie op teleurstellende situaties en versterken de depressie. Dit uit zich in emoties zoals verdriet, verlies van interesse, vermoeidheid en prikkelbaarheid, wat leidt tot verminderde betrokkenheid bij activiteiten, sociaal isolement en slaapproblemen."*

Deze casusformulering stelt de therapeut in staat om de onderling verbonden denkpatronen, fundamentele overtuigingen, automatische gedachten, emoties en gedragingen te begrijpen die bijdragen aan uw depressie. Op basis van dit begrip kan de therapeut een gepersonaliseerd behandelplan opstellen dat cognitieve interventies omvat om negatieve denkpatronen aan te pakken, gedragsstrategieën om de betrokkenheid bij plezierige activiteiten te vergroten en geloofsaanpassingstechnieken om onderliggende overtuigingen te wijzigen.

In het geval van zelftherapie:

Laten we zeggen dat u wilt werken aan uw sociale angst, die optreedt wanneer u zich in de aanwezigheid van nieuwe mensen of in sociale situaties bevindt. Hier is hoe u uw casus kunt formuleren:

1. **Identificatie van denkpatronen:** U realiseert zich dat u negatieve denkpatronen heeft die bijdragen aan uw sociale angst. Bijvoorbeeld, u heeft de neiging te denken dat anderen u constant beoordelen of dat u perfect moet zijn om geaccepteerd te worden. Deze denkpatronen versterken uw angst en leiden ertoe dat u sociale situaties vermijdt.

2. **Verkenning van fundamentele overtuigingen:** U denkt na over de fundamentele overtuigingen die ten grondslag liggen aan uw sociale angst. Bijvoorbeeld, u gelooft misschien dat uw eigenwaarde afhangt van de goedkeuring van anderen of dat u door iedereen geliefd moet zijn om u prettig te voelen. Deze overtuigingen beïnvloeden uw zelfbeeld en uw perceptie van uzelf en anderen in sociale situaties.

3. **Analyse van automatische gedachten:** U identificeert de negatieve automatische gedachten die opkomen wanneer u geconfronteerd wordt met een sociale situatie. Bijvoorbeeld, wanneer u een kamer vol onbekende mensen binnenkomt, denkt u automatisch : *"Ze zullen allemaal over mij oordelen en mij saai vinden".* Deze automatische gedachten versterken uw sociale angst en kunnen u aanzetten om zich terug te trekken uit dergelijke situaties.

4. **Beoordeling van emoties:** U herkent de emoties die gepaard gaan met uw sociale angst, zoals nervositeit, angst voor afwijzing of ongemak. U merkt ook op hoe deze emoties van invloed zijn op uw gedrag, zoals het vermijden van sociale ontmoetingen of stil zijn tijdens gesprekken.

Door deze verschillende informatie te integreren, kunt u uw zaak als volgt formuleren:

> *"Mijn voornaamste moeilijkheid is sociale angst, die wordt gevoed door negatieve denkpatronen zoals voortdurende beoordeling door anderen en de eis van perfectie. Deze denkpatronen zijn geworteld in fundamentele overtuigingen dat mijn eigenwaarde afhangt van de goedkeuring van anderen en dat ik door iedereen geliefd moet zijn om me goed in mijn vel te voelen. Deze negatieve automatische gedachten komen naar boven wanneer ik geconfronteerd word met sociale situaties en versterken mijn angst. Dit uit zich in emoties zoals nervositeit, angst voor afwijzing en ongemak, wat me aanzet om sociale ontmoetingen te vermijden of stil te blijven tijdens gesprekken."*

Deze casusformulering geeft u een algeheel begrip van uw sociale angstproblemen en belicht de samenhang tussen denkpatronen, kernovertuigingen, automatische gedachten, emoties en gedragingen die een rol spelen in uw ervaring. Van daaruit kunt u specifieke zelftherapiestrategieën overwegen om negatieve denkpatronen uit te dagen, onderliggende overtuigingen aan te passen en sociale vaardigheden te ontwikkelen om beter met uw angst om te gaan in sociale situaties.

Een sterke casusformulering biedt een basis voor een persoonlijk en effectief behandelingsplan. Het leidt de therapeut bij de keuze van specifieke interventies, behandelingsdoelen en follow-up strategieën. De casusformulering is ook een waardevol instrument om een gemeenschappelijk begrip tussen de therapeut en de patiënt te delen, wat de samenwerking en betrokkenheid bij het therapeutische proces bevordert.

Cognitieve technieken

Cognitieve technieken vormen een centraal onderdeel van cognitieve gedragstherapie. Ze zijn gericht op het identificeren, beoordelen en wijzigen van negatieve of irrationele automatische gedachten die bijdragen aan emotionele en problematische gedragspatronen. Hier zijn enkele veelgebruikte cognitieve technieken:

4.1 Identificatie van automatische gedachten

Het identificeren van automatische gedachten houdt in dat je je bewust wordt van de gedachten die spontaan opkomen als reactie op een bepaalde situatie. Deze gedachten kunnen positief, negatief of neutraal zijn. In het kader van cognitieve gedragstherapie (CGT) zijn we vooral geïnteresseerd in negatieve automatische gedachten die bijdragen aan negatieve emoties.

De therapeut moedigt de patiënt aan om zijn automatische gedachten in specifieke situaties te observeren en op te schrijven. Dit kan worden gedaan met behulp van een gedachtenjournaal of het registreren van gedachten. Het doel is om bewust te worden van terugkerende denkpatronen en ze op een objectieve manier te onderzoeken.

Voorbeeldsituatie: U heeft negatieve feedback ontvangen over een project dat u heeft gepresenteerd tijdens een vergadering op het werk. U voelt zich minderwaardig en denkt dat u een totale mislukking bent.

- **Identificatie van automatische gedachten:** Neem even de tijd om uw automatische gedachten in deze situatie op te schrijven:
- **Automatische Gedachten:** "Ik ben totaal mislukt,"Niemand neemt me serieus,"Ik ben niet competent."

Praktijkblad - Identificatie van automatische gedachten:

1. Identificeer de specifieke situatie waarin u negatieve emoties ervaart.
2. Noteer de automatische gedachten die bij u opkomen in deze situatie.

3. Wees bewust van terugkerende denkpatronen of gemeenschappelijke thema's.

4.2 Evaluatie van automatische gedachten

Nadat automatische gedachten zijn geïdentificeerd, is het belangrijk om ze realistisch te evalueren. De taak is om de geldigheid en juistheid van negatieve automatische gedachten te onderzoeken. Vaak zijn deze gedachten gebaseerd op cognitieve vertekeningen, redeneerfouten of negatieve interpretaties van zichzelf, anderen of de wereld.

De therapeut helpt de patiënt om zijn automatische gedachten in twijfel te trekken door bewijs te zoeken vóór en tegen deze gedachten. Vragen als "Wat zijn de bewijzen die deze gedachte ondersteunen?" of "Zijn er bewijzen die deze gedachte tegenspreken?" worden gesteld om objectief de automatische gedachten te evalueren.

Bijvoorbeeld: Onderzoek nu de automatische gedachten en evalueer ze op een realistische manier door bewijs voor en tegen deze gedachten te zoeken:

- **Bewijs voor:** De negatieve opmerking was specifiek voor dit project, ik kan leren van deze ervaring.
- **Bewijs tegen:** Ik heb in het verleden complimenten gekregen voor mijn werk, ik heb vaardigheden en kennis in mijn vakgebied.

Praktische sheet - Evaluatie van automatische gedachten:

- Neem een negatieve automatische gedachte die u heeft geïdentificeerd.
- Zoek naar bewijs om deze gedachte te ondersteunen.
- Zoek naar bewijs dat deze gedachte tegenspreekt.
- Beoordeel het bewijs objectief en beoordeel of de gedachte realistisch en gerechtvaardigd is.

4.3 Cognitieve herstructurering

Cognitieve herstructurering heeft tot doel negatieve automatische gedachten te vervangen door meer adaptieve en realistische gedachten. Het is een actief proces waarbij denkpatronen worden herzien om positieve emoties en gezond gedrag te bevorderen.

De therapeut helpt de patiënt om tegenstrijdig of alternatief bewijs voor zijn negatieve automatische gedachten te onderzoeken. Technieken zoals reframing, bewijzen zoeken, herlabelen of het gebruik van positieve affirmaties worden gebruikt om de patiënt te helpen nieuwe perspectieven en denkwijzen te ontwikkelen.

Bijvoorbeeld: Vervang nu de negatieve automatische gedachten door meer adaptieve en realistische gedachten:

- **Herstructureerde gedachten:** *"De negatieve opmerking was specifiek voor dit project, dit tast mijn algehele vaardigheden niet aan", "In het verleden heb ik complimenten ontvangen, ik kan leren van deze ervaring en mezelf verbeteren".*

Praktische gids - Cognitieve herstructurering:

1. Neem een negatieve automatische gedachte die je wilt herstructureren.
2. Identificeer tegenstrijdig of alternatief bewijs voor deze gedachte.
3. Herformuleer de automatische gedachte tot een meer passende en realistische gedachte.
4. Herhaal regelmatig de nieuwe gedachten om ze te versterken.

4.4 Training in probleemoplossende vaardigheden

Training in probleemoplossende vaardigheden is een cognitieve techniek die tot doel heeft patiënten te helpen praktische vaardigheden te ontwikkelen om het hoofd te bieden aan de uitdagingen van het dagelijks leven. Deze techniek houdt in dat specifieke problemen waarmee de patiënt wordt geconfronteerd, worden geïdentificeerd, alternatieve oplossingen worden gegenereerd, de voor- en nadelen van elke oplossing worden geëvalueerd, en de beste oplossing wordt geïmplementeerd.

Bijvoorbeeld: Om met deze situatie om te gaan, kunt u training in probleemoplossende vaardigheden gebruiken:

- **Identificeer het probleem:** Ontvangen van negatieve feedback over het project.

Genereer alternatieve oplossingen: Vraag om verduidelijking van het commentaar, zoek advies om het project te verbeteren.

- **Evalueer de oplossingen:** Weeg de voor- en nadelen van elke oplossing af.
- **Implementeer de beste oplossing:** Plan de stappen om het ontvangen advies te gebruiken en het project te verbeteren.

Praktijkblad - Training in probleemoplossende vaardigheden:

1. Identificeer een specifiek probleem dat u wilt oplossen.
2. Genereer meerdere alternatieve oplossingen.
3. Evalueer de voordelen en nadelen van elke oplossing.
4. Voer de beste oplossing uit en evalueer de resultaten.

Door regelmatig gebruik te maken van deze cognitieve technieken, kunt u geleidelijk aan een meer realistisch en positief perspectief ontwikkelen, negatieve automatische gedachten in twijfel trekken en adaptievere en realistischere gedachten aannemen

Deze cognitieve technieken zijn krachtige instrumenten die worden gebruikt in cognitieve gedragstherapie om individuen te helpen hun negatieve denkpatronen te herkennen en te veranderen. Door automatische gedachten te identificeren, ze realistisch te beoordelen, ze te herstructureren en probleemoplossende vaardigheden te ontwikkelen, kunnen patiënten een meer positief en realistisch perspectief ontwikkelen, wat leidt tot gezondere emoties en meer adaptief gedrag.

Gedragstechnieken

Gedragstechnieken zijn een andere essentiële component van cognitieve gedragstherapie. Ze zijn gericht op het veranderen van problematisch gedrag en het bevorderen van gezonder en adaptiever gedrag. Hier zijn enkele veelgebruikte gedragstechnieken:

5.1 Blootstelling en responspreventie

Blootstelling en responspreventie (ERP) is een veelgebruikte techniek in cognitieve gedragstherapie voor de behandeling van angststoornissen zoals fobieën, obsessief-compulsieve stoornissen (OCS) en posttraumatische stressstoornissen (PTSS). Het doel van deze techniek is om individuen te helpen hun angsten aan te pakken en hun angst te verminderen door ze geleidelijk bloot te stellen aan gevreesde situaties en het vermijdingsgedrag te voorkomen.

Hier is een concreet voorbeeld van het gebruik van blootstelling en responspreventie:

Voorbeeldsituatie: U lijdt aan arachnofobie die uw dagelijks leven beperkt. U bent zo bang voor spinnen dat u in paniek raakt en er alles aan doet om ze te vermijden.

1. **Opstellen van een hiërarchie van angsten:** U en uw therapeut stellen een hiërarchische lijst op van situaties die verband houden met uw spinnenfobie, te beginnen met die welke lichte angst veroorzaken en geleidelijk aan naar die welke intense angst veroorzaken. Bijvoorbeeld:

   - Een foto van een spin bekijken
   - Een foto van een spin bekijken
   - Een video van een spin bekijken
   - Een spin in een pot bekijken

2. **Geleidelijke blootstelling :** U begint met blootstelling aan de minst angstaanjagende situatie in uw hiërarchie, zoals het bekijken van een foto

van een spin, terwijl u opzettelijk geconfronteerd blijft met uw angst in plaats van deze te vermijden. U herhaalt deze blootstelling regelmatig totdat uw angst aanzienlijk afneemt.

3. **Responspreventie:** Tijdens de blootstelling voorkomt u elke vermijdings- of veiligheidsgedragingen die uw angst zouden kunnen versterken. Bijvoorbeeld, u onthoudt zich ervan te controleren of er daadwerkelijk een spin in de kamer is, iemand te vragen om deze voor u te doden, of weg te lopen om de situatie te vermijden. U leert het ongemak te verdragen en te realiseren dat uw angst vanzelf met de tijd zal afnemen.

4. **Voortgang in de hiërarchie:** Zodra u zich comfortabel voelt bij een stap in de blootstelling, gaat u verder naar de volgende in uw hiërarchie, waarbij u geleidelijk de moeilijkheidsgraad van de blootgestelde situaties verhoogt. U blijft uzelf blootstellen en vermijdingsgedragingen voorkomen totdat u kunt omgaan met meer angstige situaties zonder overmatige angst te ervaren.

5. **Consolideren van vooruitgang:** Na verloop van tijd merkt u dat uw angst geleidelijk afneemt naarmate u uzelf blootstelt en vermijdingsgedragingen voorkomt. U krijgt vertrouwen in uw vermogen om uw angst voor spinnen onder ogen te zien en u kunt een meer functioneel en bevredigend leven leiden.

Blootstelling en responspreventie vereisen doorgaans begeleiding en ondersteuning van een gekwalificeerde geestelijke gezondheidsprofessional om ervoor te zorgen dat de voortgang geschikt en veilig is. Het is echter belangrijk op te merken dat dit voorbeeld puur illustratief is en geen vervanging is voor begeleide therapie.

5.2 Gedragsactivatie

Gedragsactivatie is een techniek die wordt gebruikt in cognitieve gedragstherapie om depressie en andere stemmingsstoornissen te behandelen. Het doel van deze techniek is om aangename en bevredigende gedragingen te stimuleren om apathie en inactiviteit te bestrijden die vaak gepaard gaan met depressie.

Hier is een concreet voorbeeld van het gebruik van gedragsactivatie:

Voorbeeldsituatie: U voelt zich al een tijdje depressief en hebt alle interesse verloren in activiteiten die u eerder leuk vond, zoals uitgaan met vrienden, sporten of hobby's uitoefenen.

1. **Identificatie van plezierige activiteiten:** Maak een lijst van activiteiten die in het verleden plezier hebben gebracht, zelfs als ze nu niet meer aantrekkelijk lijken. Dit kan eenvoudige dingen omvatten zoals een wandeling maken, naar een ontspannende podcast luisteren, een boek lezen, koken, enzovoort.

2. **Opstellen van een activiteitenplanning:** Maak een wekelijkse planning en plan specifieke tijden voor de geïdentificeerde plezierige activiteiten. Probeer minstens één activiteit per dag te kiezen, zelfs als je er geen zin in hebt. Het doel is om geleidelijk plezierige activiteiten in je routine te herintroduceren.

3. **Actie ondernemen:** Neem actief deel aan de geplande activiteiten, zelfs als je aanvankelijk geen enthousiasme voelt. Forceer jezelf om deel te nemen, in gedachten houdend dat dit deel uitmaakt van het proces van depressiebehandeling.

4. **Noteren van emoties en bevredigingen:** Na elke activiteit, noteer de emoties die je hebt ervaren en de bevredigende momenten die je hebt meegemaakt. Dit kan je helpen om je bewust te worden van kleine geneugten en momenten van voldoening die je zou kunnen hebben gemist als je inactief was gebleven.

5. **Herbeoordeling en aanpassing:** Na verloop van tijd herzie je je activiteiten en pas je je planning aan op basis van veranderende voorkeuren. Aarzel niet om nieuwe activiteiten uit te proberen om je horizon te verbreden en nieuwe bronnen van plezier te ontdekken.

Door gedragsactivering te beoefenen, kunt u geleidelijk de cyclus van inactiviteit en depressie doorbreken door plezierige activiteiten in uw leven te herintroduceren. Dit kan u helpen om een gevoel van voldoening terug te vinden, uw zelfwaardering te versterken en uw algehele humeur te verbeteren.

5.3 Ontspanningstechnieken

Ontspanningstechnieken zijn effectieve hulpmiddelen om stress en angst te verminderen en een staat van rust en ontspanning te bevorderen. Ze worden gebruikt in verschillende therapeutische benaderingen, waaronder cognitieve gedragstherapie, om individuen te helpen hun emoties en lichamelijke reacties op stress te beheersen. Hier zijn enkele van de meest gebruikte ontspanningstechnieken:

1. **Diepe ademhaling:** Neem even de tijd om comfortabel te gaan zitten, sluit uw ogen en richt uw aandacht op uw ademhaling. Haal diep adem door uw neus, blaas uw buik op en adem dan langzaam uit door uw mond. Herhaal dit proces meerdere keren terwijl u zich concentreert op uw ademhaling, wat kan helpen om het zenuwstelsel te kalmeren en angstgevoelens te verminderen. Hier is hoe u het kunt doen:
   - Zoek een rustige plek waar u comfortabel kunt zitten.
   - Sluit uw ogen en concentreer u op uw ademhaling.
   - Adem diep in door uw neus terwijl u tot vier telt, voel uw buik uitzetten.
   - Houd uw adem even in terwijl u tot vier telt.
   - Adem langzaam uit door uw mond terwijl u tot vier telt, voel uw buik leeglopen.
   - Herhaal dit proces van diepe ademhaling gedurende enkele minuten, waarbij u zich richt op het regelmatige ritme van uw ademhaling en afleidende gedachten laat voorbijgaan zonder eraan vast te houden.

2. **Progressieve spierontspanning:** Begin met liggen of comfortabel zitten. Span de spieren van een deel van uw lichaam aan, zoals de armen, en laat ze dan volledig ontspannen terwijl u zich richt op de gevoelens van ontspanning. Ga dan verder naar een ander deel van het lichaam, zoals de benen, en herhaal het proces totdat u alle spiergroepen hebt ontspannen.

Deze techniek kan helpen om lichamelijke spanningen los te laten en een gevoel van algehele ontspanning te bevorderen. Hier is hoe u het kunt doen:

- Ga liggen of zit comfortabel.
- Begin met de spieren in uw voeten. Span ze aan door de spieren een paar seconden aan te spannen en laat ze dan volledig ontspannen terwijl u de ontspanning voelt zich verspreiden.
- Ga geleidelijk omhoog langs uw lichaam, span en ontspan elk spiergroep, van de benen tot het hoofd.
- Neem de tijd om de ontspanning en de rust bij elke stap te voelen.
- Let op de gevoelens van ontspanning en lichtheid in de spieren terwijl u ze ontspant.

3. **Geleide visualisatie:** Stel jezelf voor in een rustige en vredige omgeving, zoals een strand of een tuin. Visualiseer de details van deze plek, de kleuren, de geluiden en de sensaties. Dompel jezelf mentaal onder in deze ontspannende omgeving en laat je verbeelding een rustgevende ervaring creëren. Deze techniek kan helpen om de aandacht van stress af te leiden en een diepe staat van ontspanning te induceren. Hier is hoe je het kunt doen:

- Ga comfortabel zitten of liggen op een rustige plek.
- Sluit je ogen en begin je voor te stellen in een rustige en ontspannen omgeving, zoals een strand of een tuin.
- Visualiseer de details van deze plek, de kleuren, de vormen, de geluiden en de sensaties.
- Probeer volledig ondergedompeld te raken in deze mentale ervaring door al uw zintuigen te gebruiken.
- Blijf in deze geleide visualisatie staat zo lang als je wilt, en concentreer je op de gevoelens van kalmte en ontspanning.

4. **Mindfulness meditatie:** Ga comfortabel zitten en richt je aandacht op het huidige moment, zonder oordelen over de gedachten of sensaties die opkomen. Laat de gedachten voorbijgaan zonder eraan vast te houden, en richt je op je ademhaling of lichamelijke sensaties. Mindfulness meditatie

kan helpen om een staat van kalmte en aanwezigheid te cultiveren, ruminerende gedachten te verminderen en ontspanning te bevorderen. Hier is hoe je het kunt doen:

- Ga comfortabel zitten in een gemakkelijke houding, met je voeten plat op de grond en je handen op je knieën.
- Sluit je ogen en let op je ademhaling. Merk op hoe de lucht in en uit je lichaam beweegt.
- Laat gedachten komen en gaan zonder eraan vast te houden, observeer ze simpelweg zonder te oordelen.
- Let op je lichamelijke sensaties, zoals het contact met de stoel, de gevoelens van spanning of ontspanning in verschillende delen van je lichaam.
- Als je geest afdwaalt van het huidige moment, breng dan rustig je aandacht terug naar je ademhaling of naar lichamelijke sensaties.

Het is belangrijk op te merken dat iedereen verschillende voorkeuren kan hebben als het gaat om ontspanningstechnieken. Het kan nuttig zijn om verschillende methoden uit te proberen om degene te vinden die het beste bij je past. Bovendien wordt over het algemeen aangeraden om ontspanningstechnieken regelmatig te beoefenen om er optimaal van te profiteren.

5.4 Sociale vaardigheidstraining

Training in sociale vaardigheden is een techniek die wordt gebruikt in cognitieve gedragstherapie om individuen te helpen hun sociale interacties en relationele vaardigheden te verbeteren. Dit kan vooral nuttig zijn voor mensen die moeite hebben met het leggen van sociale contacten, effectieve communicatie of het omgaan met moeilijke sociale situaties. Hier is een praktisch overzicht om deze techniek toe te passen:

1. **Identificatie van de te ontwikkelen sociale vaardigheden** : Denk na over de gebieden waarin je je sociale vaardigheden wilt verbeteren. Dit kan vaardigheden omvatten zoals actief luisteren, non-verbale communicatie,

conflicthantering, omgaan met sociale stress, enz. Kies één of twee specifieke vaardigheden waarop je je in eerste instantie wilt concentreren.

2. **Observatie en leren** : Observeer mensen die sociaal vaardig zijn en de vaardigheden bezitten die je wilt ontwikkelen. Let op hun gedrag, gezichtsuitdrukkingen, stemtoon en manier van communiceren. Dit kan in echte situaties of via media zoals video's of films worden gedaan.

3. **Oefening van sociale vaardigheden** : Identificeer situaties waarin je je sociale vaardigheden kunt oefenen. Begin met eenvoudige en niet-intimiderende situaties en ga dan naar meer complexe situaties naarmate je zelfverzekerder wordt. Plaats jezelf in de situatie en engageer je actief om de sociale vaardigheden die je wilt ontwikkelen, te gebruiken. Bijvoorbeeld, als je werkt aan actief luisteren, focus dan op aandachtig luisteren, oogcontact houden, informatie herformuleren, enz.

4. **Terugkoppeling na de ervaring** : Neem na elke sociale interactie de tijd om je prestaties te overdenken. Identificeer de aspecten die je goed hebt beheerd en de gebieden waarop je kunt verbeteren. Wees vriendelijk voor jezelf en erken de vooruitgang die je hebt geboekt. Gebruik de ervaringen om je aanpak aan te passen en blijf oefenen en je sociale vaardigheden ontwikkelen.

5. **Progressieve training** : Zodra je je comfortabel voelt met een sociale vaardigheid, ga je door naar een andere en blijf je geleidelijk trainen. Voeg meer complexe en uitdagende situaties toe naarmate je vordert.

6. **Ondersteuning en aanvullende middelen** : Als je moeite hebt om je sociale vaardigheden zelfstandig te ontwikkelen, overweeg dan om ondersteuningsgroepen of workshops te zoeken die gericht zijn op het ontwikkelen van sociale vaardigheden. Je kunt ook een geestelijke gezondheidsprofessional raadplegen die gespecialiseerd is in sociale therapie voor meer gerichte begeleiding.

Gedragstechnieken zijn praktische en effectieve hulpmiddelen die worden gebruikt in cognitieve gedragstherapie om mensen te helpen problematisch gedrag te veranderen, nieuwe vaardigheden te ontwikkelen en hun emotioneel welzijn te verbeteren. Of het nu gaat om blootstelling en responspreventie, gedragsactivatie, ontspanningstechnieken of sociale vaardigheidstraining, deze technieken bieden concrete manieren om positieve gedragsveranderingen te bevorderen en een betere sociale en emotionele aanpassing te bevorderen.

Hier is een lijst van sociale vaardigheden die je kunt trainen:

1. Verbale communicatie:

Actief luisteren:

- **Voorbeeldoefening:** Kies een partner en neem een paar minuten de tijd om over een bepaald onderwerp te praten (bijvoorbeeld uw laatste reis). Tijdens het gesprek, oefen actief luisteren door de volgende strategieën te gebruiken:

  - ✓ Stel open vragen zoals "Welke plaatsen heb je bezocht?" of "Wat vond je het leukst aan je reis?"
  - ✓ Geef periodieke samenvattingen door de belangrijkste punten die door je partner zijn besproken samen te vatten.
  - ✓ Toon interesse door positieve opmerkingen te maken zoals "Dat klinkt als een geweldige ervaring!" of door te knikken om je partner aan te moedigen verder te gaan.
  - ✓ Vermijd onderbrekingen en laat uw partner zijn zinnen afmaken zonder hem of haar te onderbreken.

Duidelijke uitdrukking:

- **Oefenvoorbeeld:** Kies een specifiek onderwerp of situatie en bereid een korte presentatie voor over dat onderwerp. Oefen om uw ideeën beknopt en duidelijk uit te drukken met eenvoudige zinnen en vermijd overmatige informatie of zijpaden. Oefen om uw boodschap duidelijk en begrijpelijk over te brengen aan uw publiek.

  Bijvoorbeeld: Onderwerp: Mijn zomervakantie. Presentatie: *"Tijdens mijn zomervakantie heb ik twee weken doorgebracht aan het strand met mijn familie. We hebben van de zon genoten,* *in de zee gezwommen en lange wandelingen op het zand gemaakt. Het was ontspannend en aangenaam om samen tijd door te brengen weg van de dagelijkse stress."* In dit voorbeeld is het doel om de belangrijkste informatie over de zomervakantie beknopt en duidelijk te presenteren. De focus ligt op hoogtepunten en activiteiten, terwijl overmatige details worden vermeden. Door dit soort oefeningen te doen, kunt u uw vermogen verbeteren om uw ideeën beknopt en begrijpelijk over te brengen.

↓ __Empathie:__

- **Oefeningvoorbeeld:** Kies een partner en bespreek een emotioneel geladen persoonlijke ervaring. Tijdens het gesprek, oefen empathie door de volgende technieken te gebruiken:

  - ✓ Toon actief luisteren door aandacht te besteden aan zijn/haar emoties en zorgen.
  - ✓ Valideer zijn/haar emoties door zinnen te gebruiken als "Ik begrijp dat dit moeilijk voor je kan zijn" of "Ik zie dat dit je verdrietig maakt".
  - ✓ Toon je steun door woorden van aanmoediging te bieden en je beschikbaarheid uit te drukken om te helpen indien nodig.

Het doel van deze oefeningen is om je verbale communicatievaardigheden te ontwikkelen door je te concentreren op actief luisteren, duidelijke expressie en empathie. Door regelmatig te oefenen met deze vaardigheden kun je je interacties met anderen verbeteren, wederzijds begrip bevorderen en je interpersoonlijke relaties versterken.

2. __Non-verbale communicatie :__

Non-verbale communicatie speelt een essentiële rol in onze dagelijkse interacties. Het vult de verbale taal aan door subtiele informatie over te brengen, zoals emoties, betrokkenheid en interesse. Hier zijn enkele belangrijke elementen van non-verbale communicatie en praktische tips om ze in de praktijk te brengen:

✦ **Lichaamstaal :**

    ✓ **Gebruik gebaren :** Gebaren kunnen de verbale boodschap versterken en duidelijkheid toevoegen aan de communicatie. Gebruik bijvoorbeeld handgebaren om een punt te illustreren of de omvang van iets te tonen.

    ✓ **Neem een open houding aan :** Een open houding, met niet gekruiste armen en een lichte lichaamsneiging naar de persoon met wie je communiceert, duidt op openheid, aandacht en betrokkenheid bij de interactie.

✦ **Oogcontact :**

    ✓ **Maak oogcontact :** Het maken van passend oogcontact met je gesprekspartner is essentieel om je interesse en actieve luisterhouding te tonen. Direct in de ogen van de andere persoon kijken versterkt de band en wederzijds begrip.

    ✓ **Houd oogcontact :** Tijdens het gesprek, houd regelmatig oogcontact om je betrokkenheid en aanwezigheid te tonen. Vermijd echter te intens oogcontact, dat als indringend kan worden ervaren.

✦ **Gezichtsuitdrukkingen :**

    ✓ **Gebruik passende gezichtsuitdrukkingen :** Gezichtsuitdrukkingen drukken emoties en bedoelingen uit. Probeer je gezichtsuitdrukkingen aan te passen aan je boodschap. Lach bijvoorbeeld als je blij of geïnteresseerd bent, en neem een serieuzere uitdrukking aan tijdens serieuze of ernstige gesprekken.

    ✓ **Wees bewust van je gezichtsuitdrukking :** Zorg ervoor dat je gezichtsuitdrukking overeenkomt met de boodschap die je wilt overbrengen. Soms kunnen tegenstrijdige gezichtsuitdrukkingen verwarring of een verkeerde interpretatie van je communicatie veroorzaken.

Het is belangrijk op te merken dat non-verbale communicatie kan variëren afhankelijk van de cultuur, het individu en de context. Het is dus essentieel om de normen en specifieke non-verbale signalen van elke situatie te observeren en aan te passen.

Door effectieve non-verbale communicatie te beoefenen, kunt u uw interacties versterken, wederzijds begrip verbeteren en diepere verbindingen met anderen tot stand brengen. Wees bewust van uw lichaamstaal, oogcontact en gezichtsuitdrukkingen die u gebruikt, en pas deze aan op basis van de behoeften van elke situatie.

3. <u>**Oplossen van sociale problemen :**</u>

+ **Vaardigheden in conflictresolutie :** Identificeer de bronnen van conflict, zoek naar wederzijds voordelige oplossingen en onderhandel over compromissen om geschillen op te lossen.

Hier is een praktijkblad met een voorbeeld voor conflictoplossingsvaardigheden :

1. Identificeer de bronnen van conflict :

Voorbeeld: Stel je een situatie voor waarin jij en je collega verschillende meningen hebben over hoe een teamvergadering moet worden georganiseerd. Neem de tijd om de verschillende bronnen van conflict te identificeren, zoals verschillen in prioriteiten, werkstijlen of persoonlijke voorkeuren.

2. Zoek naar oplossingen die voor beide partijen voordelig zijn :

Voorbeeld: In de situatie van de teamvergadering, bespreek met uw collega om oplossingen te vinden die aan de behoeften van beide partijen voldoen. Bijvoorbeeld, u zou kunnen voorstellen om de vergadering in twee delen te splitsen en de prioriteiten van elk in de agenda op te nemen.

3. Onderhandel over compromissen:

Voorbeeld: Als u en uw collega het niet eens kunnen worden, zoek dan compromissen die beiden in staat stellen concessies te doen terwijl u tot een bevredigend resultaat komt. Bijvoorbeeld, u zou kunnen instemmen met het overnemen van bepaalde elementen van de benadering van uw collega, terwijl u ervoor zorgt dat ook uw prioriteiten worden meegenomen.

Het doel van deze voorbeelden is om te illustreren hoe u conflictresolutievaardigheden kunt toepassen in een concrete situatie. Door de bronnen van het conflict te identificeren, wederzijds voordelige oplossingen te zoeken en compromissen te sluiten, kunt u tot een bevredigende oplossing komen en harmonieuze relaties met anderen behouden.

- **Assertiviteitsvaardigheden :**

Assertief zijn betekent dat men zijn behoeften, meningen en grenzen duidelijk, respectvol en effectief kan uiten. Dit houdt ook in dat men de behoeften en rechten van anderen erkent en respecteert.

Hier is een stapsgewijze handleiding voor het ontwikkelen van assertiviteitsvaardigheden:

Stap 1: Identificatie van behoeften, meningen en grenzen

Neem de tijd om na te denken over uw behoeften, meningen en grenzen met betrekking tot een specifieke situatie. Bijvoorbeeld, u zou de behoefte kunnen identificeren om wat tijd voor uzelf te nemen, de mening dat uw bijdrage belangrijk is of de grens om niet voortdurend onderbroken te worden in uw werk.

Stap 2: Duidelijkheid en specificiteit

Formuleer uw behoeften, meningen en grenzen duidelijk en specifiek. Vermijd algemeenheden en wees precies in uw communicatie. Bijvoorbeeld, in plaats van te zeggen "Ik wil meer vrije tijd", zou u kunnen zeggen "Ik heb twee uur per dag nodig om te ontspannen en op te laden".

Stap 3: Wederzijds respect

Zorg ervoor dat uw communicatie de behoeften en rechten van anderen respecteert. Dwing uw behoeften niet aan anderen op en zoek naar oplossingen die rekening houden met alle belangen die spelen. Bijvoorbeeld, als u tijd voor uzelf nodig heeft, stel dan een oplossing voor die de andere persoon ook in staat stelt om aan zijn of haar behoeften te voldoen, zoals het vinden van een tijdschema dat voor beide partijen werkt.

Stap 4: Gebruik van "ik" en assertiviteit

Gebruik zinnen die beginnen met "ik" om uw behoeften, meningen en grenzen uit te drukken. Dit maakt uw communicatie verantwoordelijk en voorkomt beschuldigingen of kritiek op anderen. Bijvoorbeeld, zeg *"Ik voel de behoefte om mijn mening over dit onderwerp te delen"* in plaats van *"Je luistert nooit naar me"*.

Stap 5: Non-verbale communicatie

Zorg ervoor dat uw lichaamstaal en toon uw assertiviteit weerspiegelen. Houd een rechte houding aan, onderhoud geschikt oogcontact en gebruik een rustige en zelfverzekerde stem.

Stap 6: Training en oefening

Assertiviteit is een vaardigheid die verbetert met oefening. Zoek kansen om assertief te zijn in echte situaties. Begin met minder stressvolle situaties en werk geleidelijk naar complexere situaties naarmate u meer zelfvertrouwen krijgt.

Bijvoorbeeld, stel je voor dat je meer tijd voor jezelf nodig hebt 's avonds na het werk. Hier is hoe je de stappen zou kunnen toepassen:

+ **Stap 1** : Identificeer uw behoefte: u heeft tijd nodig om te ontspannen en op te laden na een dag werken.
+ **Stap 2** : Wees duidelijk en specifiek: druk uit dat je elke avond 30 minuten rust nodig hebt om te ontspannen.
+ **Stap 3** : Wederzijds respect: stel een oplossing voor die ook rekening houdt met de behoeften van uw partner of uw gezin, zoals het afspreken van een tijdsbestek waarin u uw rust kunt nemen zonder de activiteiten van anderen te verstoren.
+ **Stap 4** : Gebruik assertiviteit: zeg "Ik heb elke avond 30 minuten rust nodig om te ontspannen en bij te tanken. Zou het mogelijk zijn om een geschikt moment te vinden voor iedereen?"
+ **Stap 5** : Zorg ervoor dat uw non-verbale communicatie in lijn is met uw boodschap. Behoud oogcontact, een open houding en gebruik een zelfverzekerde stem. Stap 6 : Oefen deze assertieve communicatie regelmatig om uw assertiviteitsvaardigheden te versterken.

Door uw assertiviteitsvaardigheden te ontwikkelen, kunt u uw behoeften, meningen en grenzen op een respectvolle en effectieve manier communiceren, terwijl u evenwichtige en bevredigende relaties met anderen bevordert.

⥄ Omgaan met kritiek:

Constructieve kritiek op een niet-defensieve manier accepteren, waarbij u kansen voor leren erkent en impulsieve of agressieve reacties vermijdt.

Praktisch blad: Omgaan met kritiek

Het beheersen van kritiek is een waardevolle vaardigheid waarmee u constructieve kritiek niet-defensief kunt accepteren en deze opmerkingen kunt omzetten in leermogelijkheden. Hier is een stapsgewijze handleiding om deze vaardigheid te ontwikkelen:

Stap 1: De kritiek ontvangen zonder impulsieve reactie

Wanneer u kritiek ontvangt, neem dan een mentale pauze om te voorkomen dat u onmiddellijk defensief of agressief reageert. Haal diep adem en neem een moment om na te denken voordat u reageert. **Bijvoorbeeld:** Een collega merkt op dat u uw organisatie tijdens teamvergaderingen kunt verbeteren.

Stap 2: Actief luisteren en open blijven

Luister actief naar de kritiek zonder onderbrekingen. Wees open voor het perspectief van de andere persoon en wees bereid om zijn standpunt te begrijpen. **Bijvoorbeeld:** Luister aandachtig naar de suggesties van uw collega over de organisatie van vergaderingen en probeer te begrijpen waarom hij denkt dat er verbeteringen mogelijk zijn.

Stap 3: Kansen voor leren herkennen

Beschouw kritiek als een kans om te leren en te groeien. Erken dat zelfs constructieve kritiek u kan helpen verbeteren en nieuwe vaardigheden te ontwikkelen. **Bijvoorbeeld:** Erken dat u baat zou kunnen hebben bij een betere organisatie van vergaderingen om efficiëntie en productiviteit te vergroten.

<u>**Stap 4: Stel vragen ter verduidelijking**</u>

Als u meer details of verduidelijking nodig heeft over de kritiek, aarzel dan niet om respectvolle vragen te stellen om de verwachtingen en suggesties van de andere persoon beter te begrijpen. **Bijvoorbeeld:** Vraag uw collega welke specifieke aspecten van de organisatie van vergaderingen hij denkt dat u kunt verbeteren.

<u>**Stap 5: Constructief reageren**</u>

Nadat u de tijd heeft genomen om de kritiek te beluisteren en te begrijpen, reageer dan op een constructieve en respectvolle manier. Leg uit hoe u van plan bent deze kritiek te gebruiken om uzelf te verbeteren. **Bijvoorbeeld:** Antwoord uw collega door te zeggen: "Bedankt voor uw feedback. Ik zal uw suggesties in overweging nemen en in de toekomst werken aan een betere organisatie van vergaderingen. Ik waardeer uw input om ons team efficiënter te maken."

<u>**Stap 6: Opvolgen en wijzigingen doorvoeren**</u>

Zorg ervoor dat u de manier waarop u de kritiek gebruikt om positieve veranderingen aan te brengen, opvolgt. Toon aan dat u lessen heeft getrokken uit de kritiek door concrete acties te ondernemen. **Bijvoorbeeld:** Pas de suggesties van uw collega toe tijdens de komende vergaderingen door een meer georganiseerde aanpak te hanteren en de deelname van alle teamleden aan te moedigen.

Door vaardigheden te ontwikkelen in het omgaan met kritiek, kunt u constructieve feedback accepteren zonder defensief te reageren en er profijt uit halen om uzelf te verbeteren. Een open en ontvankelijke houding stelt u in staat om kritiek om te zetten in leerkansen en uw professionele en persoonlijke vaardigheden te versterken.

4. <u>**Interpersoonlijke relatievaardigheden:**</u>

+ **Ontwikkeling en onderhoud van vriendschappen:**

Initiëren en onderhouden van vriendschappelijke relaties, interesse en betrokkenheid tonen naar anderen en regelmatige communicatie behouden.

Interpersoonlijke vaardigheden zijn essentieel voor het ontwikkelen en onderhouden van gezonde vriendschappen. Hier is een stapsgewijze gids voor het ontwikkelen van deze vaardigheden:

Stap 1: Initiëren van vriendschappelijke relaties

Toon interesse in anderen: Stel open vragen om meer te weten te komen over mensen en hun leven. Toon oprecht interesse in wat ze te zeggen hebben. Voorbeeld: Als je iemand voor de eerste keer ontmoet, vraag dan naar hun interesses of passies.

Stap 2: Regelmatige communicatie opbouwen

Houd regelmatig contact: Neem het initiatief om regelmatig met vrienden te praten. Gebruik verschillende communicatiemiddelen zoals telefoongesprekken, sms-berichten of persoonlijke ontmoetingen. Voorbeeld: Bel een vriend om te informeren hoe het met hem gaat en praat regelmatig met hem.

Stap 3: Toon interesse en betrokkenheid

Wees attent en responsief: Luister actief en toon empathie voor je vrienden. Laat zien dat je geeft om hun gevoelens en ervaringen. Voorbeeld: Als je vriend een zorg of een prestatie deelt, toon dan empathie en stel vragen om meer te weten te komen.

Stap 4: Deel kwaliteitsmomenten

Creëer kansen om samen tijd door te brengen: Plan leuke activiteiten en deel kwaliteitsmomenten met je vrienden. Organiseer uitstapjes, diners of gemeenschappelijke activiteiten die de band versterken. Voorbeeld: Nodig je vrienden uit voor een picknick, een filmavond of een wandeling in de buitenlucht.

Stap 5: Wederzijdse ondersteuning

Bied emotionele steun: Wees er voor je vrienden wanneer ze moeilijke tijden doormaken. Luister zonder oordeel en bied indien nodig je steun en advies aan. Voorbeeld: Als een vriend een stressvolle periode doormaakt, bied dan je steun door actief te luisteren en nuttige oplossingen of middelen aan te bieden.

Stap 6: Authentiek blijven

Wees jezelf: Blijf authentiek in je vriendschapsrelaties. Wees niet bang om je mening te uiten of kwetsbaar te zijn bij je vrienden. Voorbeeld: Deel je gevoelens en persoonlijke ervaringen met je vrienden in alle eerlijkheid en wees gewoon jezelf.

Door deze vaardigheden in interpersoonlijke relaties te ontwikkelen, kun je gezonde vriendschappen opbouwen en behouden. Neem het initiatief om relaties aan te gaan, onderhoud regelmatig contact, toon interesse en betrokkenheid bij anderen, deel kwaliteitsmomenten en bied wederzijdse ondersteuning. Deze vaardigheden helpen je om betekenisvolle banden te creëren en je vriendschapsrelaties te versterken.

⭥ Het stellen van grenzen :

Weten hoe persoonlijke grenzen te stellen en te handhaven, en de grenzen van anderen respecteren in interpersoonlijke relaties.

Praktische gids: Het stellen van grenzen

Het kennen en handhaven van persoonlijke grenzen is essentieel voor het opbouwen van gezonde interpersoonlijke relaties. Hier is een stapsgewijze handleiding om deze vaardigheid te ontwikkelen:

Étape 1 : Identifiez vos limites personnelles

- Neem de tijd om na te denken over uw behoeften, waarden en persoonlijke voorkeuren. Identificeer gedragingen, situaties of verzoeken die ongemakkelijk voor u zijn en die u wilt beperken. **Bijvoorbeeld:** U kunt vaststellen dat u elke dag wat tijd alleen nodig heeft om op te laden.

Stap 2: Wees duidelijk en specifiek

- Druk uw grenzen duidelijk, specifiek en respectvol uit. Gebruik positieve zinnen om te communiceren wat u accepteert en wat u niet accepteert. **Bijvoorbeeld:** Zeg "Ik geef er de voorkeur aan om minstens 24 uur van tevoren op een uitnodiging te reageren" in plaats van "Ik haat het als mensen me op het laatste moment vragen om uit te gaan".

Stap 3: Communiceer uw grenzen assertief

- Gebruik assertieve communicatie om uw grenzen uit te drukken. Wees respectvol maar vastberaden in uw uitdrukking en zorg ervoor dat u een open houding en een rustige stem behoudt. **Bijvoorbeeld:** Wanneer iemand u vraagt iets te doen dat uw grenzen overschrijdt, antwoord dan zelfverzekerd: "Ik begrijp dat je hulp nodig hebt, maar ik kan het op dit moment niet doen".

Stap 4 : Respecteer de grenzen van anderen

- Het herkennen en respecteren van de grenzen van anderen is net zo belangrijk als het stellen van uw eigen grenzen. Wees attent op de signalen en verzoeken van anderen en overschrijd hun persoonlijke grenzen niet. **Bijvoorbeeld:** Als een vriend u laat weten dat hij niet over een specifiek onderwerp wil praten, respecteer dan zijn verzoek en dring er niet op aan.

Stap 5 : Confronteer de uitdagingen

- Wees voorbereid om situaties aan te pakken waarin uw grenzen ter discussie kunnen worden gesteld of overtreden. Blijf standvastig in uw overtuigingen en bezwijk niet onder sociale druk of onredelijke verzoeken. **Bijvoorbeeld:** Als iemand probeert u te overtuigen uw grenzen te overschrijden, onthoud dan het belang van zelfzorg en houd uw positie vast.

Stap 6 : Oefen assertieve communicatie

- Oefen regelmatig om assertief uw grenzen te communiceren. Hoe meer u dit oefent, hoe natuurlijker en effectiever het zal worden in uw interpersoonlijke interacties. **Bijvoorbeeld:** Stel scenario's voor waarin u uw grenzen moet uiten en oefen de bijbehorende assertieve reacties.

Door uw vaardigheden op het gebied van het stellen van grenzen te ontwikkelen, kunt u duidelijke persoonlijke grenzen stellen en handhaven, de grenzen van anderen respecteren en gezonde en evenwichtige interpersoonlijke relaties cultiveren. Assertieve communicatie is de sleutel tot het opbouwen van respectvolle relaties waarin iedereen zich gehoord en gerespecteerd voelt binnen hun persoonlijke grenzen.

⅃ Samenwerkingsvaardigheden :

Effectief samenwerken in een team, verantwoordelijkheden delen, conflicten constructief oplossen en bijdragen aan een gemeenschappelijk doel.

Praktijkblad : Samenwerkingsvaardigheden

Samenwerkingsvaardigheden zijn essentieel om effectief in een team te werken, verantwoordelijkheden te delen, conflicten op constructieve wijze op te lossen en bij te dragen aan een gemeenschappelijk doel. Hier is een stapsgewijze gids om deze vaardigheden te ontwikkelen:

Stap 1: Duidelijke en gemeenschappelijke doelen stellen

Stel duidelijke en gedeelde doelen vast met teamleden. Zorg ervoor dat iedereen deze gemeenschappelijke doelen begrijpt en toegewijd is om ze te bereiken. **Bijvoorbeeld:** Wanneer je aan een teamproject werkt, definieer dan specifieke doelstellingen om te bereiken en zorg ervoor dat alle teamleden ze begrijpen en accepteren.

Stap 2: Delen van verantwoordelijkheden

Verdeel de verantwoordelijkheden eerlijk onder de teamleden. Identificeer de sterke punten en vaardigheden van elk lid om de bijdrage van elk lid te maximaliseren. **Bijvoorbeeld:** In een projectteam wijs je specifieke taken toe aan elk lid op basis van hun vaardigheden en interesses. Zorg ervoor dat elk lid duidelijk begrijpt wat zijn verantwoordelijkheden zijn.

Stap 3: Open en transparante communicatie

Bevorder open en transparante communicatie binnen het team. Moedig het delen van ideeën, actief luisteren en respect voor ieders mening aan.

Bijvoorbeeld: Tijdens teamvergaderingen moedig je alle leden aan om hun ideeën te delen en hun zorgen te uiten. Creëer een omgeving waarin iedereen zich vrij voelt om vrijuit te communiceren.

Stap 4: Constructieve conflictoplossing

Bij conflicten kies je voor een constructieve aanpak. Luister naar verschillende perspectieven, zoek naar oplossingen die voor alle partijen aanvaardbaar zijn en geef de voorkeur aan compromissen. **Bijvoorbeeld:** Als er meningsverschillen ontstaan binnen het team, organiseer dan een discussie om elk lid de kans te geven zijn standpunt uiteen te zetten. Moedig het zoeken naar oplossingen aan die rekening houden met de belangen van alle leden.

Stap 5: Samenwerking en wederzijdse ondersteuning

Bevorder samenwerking en wederzijdse ondersteuning tussen teamleden. Moedig het delen van kennis, ervaringen en ideeën aan om gemeenschappelijke doelen te bereiken. **Bijvoorbeeld:** Stimuleer teamleden om elkaar te helpen, kennis te delen en ondersteuning te bieden wanneer een lid moeilijkheden ondervindt.

Stap 6: Evaluatie en voortdurend leren

Voer regelmatige evaluaties uit om de sterke punten en verbeterpunten van het team te identificeren. Gebruik deze evaluaties om gezamenlijk te leren en te verbeteren. **Bijvoorbeeld:** Na de voltooiing van een project, organiseer een teamvergadering om het proces te evalueren, successen en uitdagingen te identificeren, en lessen te trekken voor toekomstige projecten.

Door uw samenwerkingsvaardigheden te ontwikkelen, kunt u effectief in een team werken, verantwoordelijkheden delen, conflicten op een constructieve manier oplossen en bijdragen aan een gemeenschappelijk doel. Samenwerking bevordert een betere productiviteit, soepelere communicatie en een grotere tevredenheid binnen het team.

5. **Vaardigheden voor het omgaan met sociale stress:**

+ **Beheer van sociale angst:**

Ontwikkel technieken voor ontspanning, zelfkalmering en ademhaling om angst in sociale situaties te beheren.

Het beheer van sociale angst omvat het ontwikkelen van technieken voor ontspanning, zelfkalmering en ademhaling om angst in sociale situaties aan te pakken. Hier is een stapsgewijze gids om deze vaardigheden te ontwikkelen:

Stap 1: Begrip van sociale angst

Leer de tekenen en symptomen van sociale angst te herkennen. Begrijp de negatieve gedachten en overtuigingen die kunnen bijdragen aan uw angst. **Bijvoorbeeld:** Wees u bewust van fysieke tekenen zoals een versnelde hartslag, zweterige handen, of zelfverlagende negatieve gedachten die zich voordoen in sociale situaties.

Stap 2: Ontspanningstechnieken

Leer ontspanningstechnieken om angst te verminderen. Dit kan methoden omvatten zoals diepe ademhaling, meditatie, yoga of progressieve spierontspanning. **Bijvoorbeeld:** Oefen diepe ademhaling door langzaam gedurende 4 seconden door de neus in te ademen, de adem 4 seconden vast te houden en vervolgens langzaam gedurende 4 seconden door de mond uit te ademen. Herhaal dit meerdere keren om te ontspannen.

Stap 3: Zelfkalmering

Ontwikkel zelfkalmeringsstrategieën om angst in sociale situaties te beheersen. Gebruik positieve gedachten, bevestigingen en herinneringen aan je eigen waarde en vaardigheden. **Bijvoorbeeld:** Wanneer je je angstig voelt in een sociale situatie, zeg dan positieve bevestigingen zoals "Ik ben in staat om me op mijn gemak te voelen en met anderen om te gaan" of "Ik ben een vriendelijk persoon en het waard om gewaardeerd te worden".

Stap 4: Geleidelijke blootstelling

Oefen geleidelijke blootstelling aan sociale situaties die angst bij je opwekken. Begin met minder stressvolle situaties en ga langzaam door naar meer uitdagende situaties. **Bijvoorbeeld:** Begin met je bloot te stellen aan kleine sociale interacties, zoals je buurman begroeten, en ga dan verder naar complexere situaties, zoals deelnemen aan een groepsbijeenkomst.

Stap 5: Sociale steun

Zoek steun bij vriendelijke mensen in je omgeving. Deel je gevoelens en zorgen met vrienden of familieleden die je kunnen steunen en aanmoedigen. **Bijvoorbeeld:** Praat met een betrouwbare vriend over je moeilijkheden met sociale angst. Vraag om hun steun en overweeg om sociale situaties met hen te oefenen om meer zelfvertrouwen te krijgen.

Stap 6: Oefening en volharding

Oefen regelmatig sociale angstbeheersingstechnieken en blijf volharden in je inspanningen om angst te overwinnen. Accepteer dat de vooruitgang geleidelijk kan zijn en dat elke stap vooruit telt. **Bijvoorbeeld:** Verbind jezelf om dagelijks ontspannings- en zelfkalmeringstechnieken te oefenen, en benader sociale situaties met vastberadenheid en doorzettingsvermogen.

Door je vaardigheden in het omgaan met sociale angst te ontwikkelen, zul je beter in staat zijn om sociale situaties aan te pakken, je angst te verminderen en je comfortabeler te voelen in interacties met anderen. Wees geduldig, oefen regelmatig en aarzel niet om extra ondersteuning te vragen als dat nodig is, zoals cognitieve gedragstherapie, om je te helpen bij je reis van sociale angstbeheersing.

- ### Beheer van sociale druk:

Beheer peer pressure, sociale verwachtingen en beoordelingssituaties om een niveau van vertrouwen en kalmte te behouden in sociale interacties.

Praktische handleiding: Beheer van sociale druk

Het beheer van sociale druk omvat het omgaan met sociale verwachtingen, groepsdruk en beoordelingssituaties, terwijl u een niveau van vertrouwen en kalmte behoudt in sociale interacties. Hier is een stapsgewijze handleiding om deze vaardigheden te ontwikkelen:

Stap 1: Bewustwording van sociale druk

- Wees bewust van sociale druk en verwachtingen die uw gedrag en emoties kunnen beïnvloeden. Identificeer situaties of momenten waarop u de meeste druk voelt. **Bijvoorbeeld:** Identificeer situaties zoals openbare presentaties, sollicitatiegesprekken of belangrijke sociale evenementen waarin u hoge sociale druk ervaart.

Stap 2: Daag onrealistische verwachtingen uit

- Daag de onrealistische verwachtingen uit die u van uzelf zou kunnen hebben of die door anderen worden opgelegd. Erken dat u niet iedereen kunt behagen en dat het normaal is om imperfecties te hebben. **Bijvoorbeeld:** In plaats van te streven naar perfectie, accepteer dat u uw best doet en dat fouten een normaal onderdeel zijn van leren en groeien.

Stap 3: Identificeer uw waarden en prioriteiten

- Identificeer uw persoonlijke waarden en prioriteiten. Bepaal wat echt belangrijk voor u is, zodat u beslissingen kunt nemen die bij u passen in plaats van te voldoen aan de verwachtingen van anderen. **Bijvoorbeeld:** Identificeer uw kernwaarden zoals eerlijkheid, authenticiteit of een balans tussen werk en privéleven, en stem uw acties daarop af.

Stap 4: Versterk uw zelfbeeld

- Werk aan uw zelfbeeld door een positieve perceptie van uzelf te ontwikkelen. Vier uw prestaties, erken uw sterke punten en omring uzelf met mensen die u ondersteunen. **Bijvoorbeeld:** Houd een dagboek bij waarin u uw prestaties, vaardigheden en positieve kwaliteiten noteert. Oefen zelfcompassie door uzelf vriendelijk en begripvol te behandelen.

Stap 5: Ontwikkel zelfkalmeringsstrategieën

- Ontwikkel zelfkalmeringsstrategieën om met sociale druk om te gaan. Gebruik ontspanningstechnieken, diepe ademhaling of visualisatie om uw geest tot rust te brengen en angst te verminderen. **Bijvoorbeeld:** Neem een paar momenten voor een stressvolle situatie om diep adem te halen en u voor te stellen dat u kalm, zelfverzekerd en in staat bent om met de druk om te gaan.

<u>**Stap 6: Stel gezonde grenzen**</u>

- Stel duidelijke grenzen en houd u eraan. Leer nee te zeggen als u zich overweldigd voelt of als de verzoeken van anderen in strijd zijn met uw waarden of prioriteiten. **Bijvoorbeeld:** Als u zich overweldigd voelt door overmatige verzoeken, leer dan op een assertieve manier nee te zeggen terwijl u uw grenzen uitlegt en indien mogelijk alternatieven aanbiedt.

Door uw vaardigheden in het omgaan met sociale druk te ontwikkelen, zult u in staat zijn om een gevoel van zelfvertrouwen en kalmte te behouden in sociale interacties, ondanks sociale verwachtingen en groepsdruk. Blijf trouw aan uzelf, respecteer uw grenzen en gebruik zelfkalmerende strategieën om evaluatiesituaties aan te pakken en uw emotioneel welzijn te behouden.

Deze sociale vaardigheden kunnen worden getraind via praktische oefeningen, rollenspellen en echte interacties met anderen. Door deze vaardigheden te oefenen, kunt u uw sociale vaardigheden verbeteren, uw interpersoonlijke relaties versterken en u meer op uw gemak voelen in sociale situaties.

Behandelingsplanning en therapeutische doelstellingen

Behandelingsplanning en het stellen van therapeutische doelen zijn essentiële onderdelen van cognitieve en gedragstherapie. Deze processen helpen bij het bepalen van de richting van de behandeling, het identificeren van prioritaire gebieden om aan te werken en het meten van de vooruitgang. Hier zijn de belangrijke stappen in de behandelingsplanning en het stellen van therapeutische doelen:

6.1 Stellen van therapeutische doelen

Het opstellen van duidelijke en specifieke therapeutische doelen is essentieel om therapeutisch werk te sturen. Therapeutische doelen moeten op een precieze, meetbare, haalbare, realistische en tijdgebonden manier worden geformuleerd (SMART).

SMART is een acroniem dat wordt gebruikt om de essentiële kenmerken van therapeutische doelen te beschrijven:

- **Specifiek (Specific)** : Het doel moet duidelijk en specifiek zijn, gericht op een specifiek gebied voor verbetering.
- **Meetbaar (Measurable)** : Het doel moet meetbaar zijn om de voortgang te kunnen beoordelen. Objectieve criteria moeten worden gebruikt om het bereiken van het doel te beoordelen.
- **Haalbaar (Achievable)** : Het doel moet realistisch en haalbaar zijn. Het moet in overeenstemming zijn met de capaciteiten en middelen van de patiënt.
- **Realistisch (Realistic)** : Het doel moet haalbaar zijn gezien de omstandigheden en beperkingen van de patiënt. Het moet realistisch zijn en in lijn zijn met de verwachtingen en capaciteiten van de patiënt.
- **Tijdsgebonden (Time-bound)** : Het doel moet een specifieke tijdsbeperking hebben om te kunnen worden beoordeeld. Er moet een

bepaalde tijdsperiode worden vastgesteld om het doel te bereiken of de voortgang te observeren.

Samengevat is SMART een gestructureerde aanpak om therapeutische doelen vast te stellen die specifiek, meetbaar, haalbaar, realistisch en tijdsgebonden zijn. Dit zorgt voor duidelijke, meetbare doelen die zijn afgestemd op de situatie van de patiënt.

Hier is een concreet voorbeeld om het stellen van therapeutische doelen te illustreren:

Situatie : Iemand lijdt aan ernstige sociale angst en vermijdt sociale situaties vanwege angst voor beoordeling en verlegenheid.

Therapeutisch doel: Sociale angst verminderen en deelname aan sociale situaties verbeteren.

- **Specifiek:** Vermindering van sociale angst met betrekking tot specifieke groepssituaties en sociale interacties.
- **Meetbaar:** Beoordeel sociale angst met behulp van gevalideerde beoordelingsschalen, zoals de Sociale Angstschaal (SAS).
- **Haalbaar:** Progressieve blootstellingsstrategieën ontwikkelen voor sociale situaties om angst op een geleidelijke en haalbare manier te verminderen.
- **Realistisch:** Rekening houden met de capaciteiten en middelen van de patiënt, evenals de context waarin hij zich bevindt.
- **Tijdgebonden:** Stel een realistische termijn vast om significante verbeteringen te observeren, bijvoorbeeld, sociale angst met 50% verminderen binnen drie maanden na het begin van de therapie.

Therapeutische strategieën om het doel te bereiken:

- **Geleidelijke blootstelling:** Begin met minder intimiderende sociale situaties en verhoog geleidelijk het moeilijkheidsniveau door jezelf bloot te stellen aan steeds complexere groepssituaties.
- **Angstbeheersingstechnieken:** Leer technieken voor ontspanning, diepe ademhaling en cognitieve herstructurering om angst en negatieve gedachten te beheersen.

- **Ontwikkeling van sociale vaardigheden:** Ontwikkel communicatie-, assertiviteits- en actief luistervaardigheden om sociale interacties te verbeteren.
- **Gebruik van sociale ondersteuning:** Moedig het zoeken naar steun aan bij vertrouwde personen zoals vrienden of familieleden om het sociale netwerk te versterken en het gevoel van veiligheid in sociale situaties te vergroten.

Het stellen van therapeutische doelen helpt om het therapeutische werk specifiek te sturen en de geboekte vooruitgang te meten. Het is belangrijk om regelmatig de doelen te herzien en aan te passen aan de veranderende behoeften van de patiënt en de behaalde resultaten.

6.2 Planning van therapiesessies

Nadat de doelen zijn vastgesteld, komt de planning van de therapiesessies aan bod. De therapeut en de patiënt bepalen de frequentie en duur van de sessies, evenals de specifieke technieken en interventies die zullen worden gebruikt.

Bij de planning van de therapiesessies wordt rekening gehouden met de behoeften en voorkeuren van de patiënt, evenals de aard van de te behandelen problemen. Het kan een combinatie van cognitieve en gedragstechnieken omvatten, afgestemd op specifieke therapeutische doelen.

In het geval van zelftherapie:

Bij zelftherapie is de planning van de therapiesessies afhankelijk van het individu zelf. Het is essentieel om een structuur en een kader te creëren om zelftherapie te ondersteunen en de voordelen ervan te maximaliseren. Hier zijn enkele belangrijke overwegingen bij het plannen van zelftherapiesessies:

1) **Frequentie van de sessies:** Bepaal met welke frequentie u zich wilt bezighouden met zelftherapiesessies. Dit kan variëren afhankelijk van uw behoeften en beschikbaarheid. U kunt kiezen voor regelmatige sessies, bijvoorbeeld, U besluit om wekelijks zelftherapiesessies te

volgen, elke zondagmiddag, gedurende 30 minuten. U blokkeert deze tijd in uw schema om ervoor te zorgen dat u regelmatig tijd besteedt aan uw emotioneel welzijn.

2) **Duur van de sessies:** Stel een geschikte duur in voor uw zelftherapiesessies. Dit kan variëren afhankelijk van uw voorkeur en uw vermogen om betrokken te blijven bij reflectie en introspectie. Bijvoorbeeld, u stelt een duur van 20 minuten in voor uw zelftherapiesessies. Dit stelt u in staat om u volledig te concentreren tijdens deze periode zonder overweldigd te raken door een lange sessie. U kiest ervoor om dit 's avonds voor het slapengaan te doen om te ontspannen en na te denken.

3) **Structurering van de sessies:** Ontwikkel een structuur voor uw zelftherapiesessies om hun effectiviteit te maximaliseren. Dit kan elementen bevatten zoals reflectie op eerdere ervaringen, identificatie van negatieve automatische gedachten, beoordeling van deze gedachten en oefening van specifieke technieken zoals cognitieve herstructurering of ontspanning. Bijvoorbeeld, U structureert uw zelftherapiesessies in drie delen: (1) Reflectie op eerdere ervaringen en gevoelens, (2) Identificatie van negatieve automatische gedachten en hun registratie in uw gedachtenjournaal, en (3) Oefening van cognitieve herstructurering door negatieve gedachten te vervangen door meer adaptieve gedachten.

4) **Gebruik van tools en hulpmiddelen:** Identificeer de tools en hulpmiddelen die u kunnen ondersteunen bij uw zelftherapie. Dit kan onder andere boeken, gedachtenjournaals, online therapie-apps, audio-opnamen van meditatie of ontspanning, en andere hulpmiddelen omvatten die uw zelftherapie-ervaring kunnen verrijken.

5) **Opvolging en evaluatie:** Stel een opvolgings- en evaluatieproces in om uw voortgang te meten en indien nodig uw zelftherapieaanpak aan te passen. Dit kan het bijhouden van een dagboek van uw sessies omvatten, het noteren van veranderingen of uitdagingen die zich hebben voorgedaan, en het reflecteren over behaalde resultaten om geïnformeerde beslissingen te nemen voor de toekomst.

Stap 1: Voorbereiding

- ✓ Zoek een rustige en comfortabele plek waar u zich kunt ontspannen zonder gestoord te worden.
- ✓ Plan ongeveer 30 minuten voor deze zelftherapiesessie.
- ✓ Zorg ervoor dat u een dagboek of notitieboekje bij de hand heeft om aantekeningen te maken.

Stap 2: Ontspanning

- ✓ Begin met een ontspanningstechniek om te ontspannen. Dit kan diep ademhalen zijn, begeleide meditatie of een spierontspanningsoefening.
- ✓ Neem een paar minuten de tijd om je te concentreren en je aandacht te richten op je ademhaling.

Stap 3: Identificatie van het probleem

- ✓ Identificeer het stressmanagementprobleem dat u tijdens deze sessie wilt aanpakken. Bijvoorbeeld, dit kan uw overmatige reactie op werkstress zijn.

Stap 4: Verkenning van automatische gedachten

- ✓ Denk na over de automatische gedachten die zich voordoen wanneer u geconfronteerd wordt met stressvolle situaties op het werk. Noteer deze gedachten in uw dagboek.
- ✓ Identificeer de negatieve of irrationele gedachten die bijdragen aan uw overmatige stressreactie. Bijvoorbeeld, "Ik moet perfect zijn, anders ben ik een totale mislukking."

Stap 5: Evaluatie van automatische gedachten

- ✓ Evalueer realistisch de automatische gedachten die u heeft geïdentificeerd. Zoek naar bewijs voor en tegen deze gedachten.
- ✓ Betwist de cognitieve vertekeningen of redeneringsfouten in deze gedachten. Vraag uzelf bijvoorbeeld af of deze eis van perfectie realistisch is en daadwerkelijk bijdraagt aan uw welzijn.

Stap 6: Cognitieve herstructurering

✓ Vervang negatieve automatische gedachten door meer aanpassende en realistische gedachten. Bijvoorbeeld, vervang "Ik moet perfect zijn anders ben ik een totale mislukking" door "Ik doe mijn best en leer van mijn fouten, wat normaal en menselijk is."

✓ Oefen deze nieuwe gedachten door ze hardop te herhalen of door ze in uw dagboek te schrijven.

Stap 7: Actieplan

✓ Ontwikkel een concreet actieplan om uw reactie op stress op het werk te beheren. Identificeer specifieke strategieën, zoals regelmatige pauzes nemen, ontspanningstechnieken toepassen tijdens stressvolle momenten, of steun zoeken bij collega's of een therapeut.

✓ Stel meetbare en haalbare doelen om deze strategieën in uw dagelijks leven toe te passen.

Stap 8: Conclusie

✓ Neem even de tijd om samen te vatten wat je hebt geleerd tijdens deze zelftherapiesessie.

✓ Noteer je laatste gedachten en wat je van plan bent om vanaf nu in praktijk te brengen.

Vergeet niet dat dit een algemeen voorbeeld is en dat zelftherapie kan variëren afhankelijk van specifieke problemen en individuele voorkeuren. Het wordt aanbevolen om een professionele geestelijke gezondheidszorgverlener te raadplegen voor extra ondersteuning en een meer nauwkeurige aanpassing aan uw persoonlijke situatie.

Zelftherapie vereist persoonlijke discipline en toewijding aan uw emotioneel en mentaal welzijn. Door uw zelftherapiesessies te plannen, uw praktijken te structureren en beschikbare middelen te gebruiken, kunt u een omgeving creëren die gunstig is voor uw persoonlijke groei en genezing.

6.3 Opvolging en beoordeling van de voortgang

Het volgen en evalueren van de voortgang is essentieel om de effectiviteit van de behandeling te beoordelen en eventuele aanpassingen aan te brengen. De therapeut en de patiënt beoordelen regelmatig de voortgang ten opzichte van de vastgestelde behandelingsdoelen. Verschillende instrumenten kunnen worden gebruikt om de voortgang te meten, zoals vragenlijsten, zelfobservaties of interviews. Deze evaluaties helpen bij het identificeren van verbeteringen en mogelijke obstakels, en bij het aanpassen van het behandelplan dienovereenkomstig.

Hier is een voorbeeld van een veelgebruikte vragenlijst in cognitieve gedragstherapie om depressieve symptomen te beoordelen: de Beck Depression Inventory (BDI). Elke vraag wordt kort toegelicht over het doel ervan en aan het einde zal ik uitleggen wat de betekenis is van de eindscore.

Vragenlijst: Beck Depression Inventory (BDI)

1. **Verdriet: Hoe vaak voel je je verdrietig of depressief?** - Deze vraag beoordeelt de frequentie van gevoelens van verdriet of depressie.

2. **Pessimisme: Hoe vaak denk je dat niets ooit zal verbeteren?** - Deze vraag beoordeelt het niveau van pessimisme en hoop voor de toekomst.

3. **Gevoel van zelfvermindering: Hoe vaak voel je jezelf minderwaardig of zonder waarde?** - Deze vraag beoordeelt zelfrespect en zelfvermindering.

4. **Schuldgevoel: Hoe vaak voel je je schuldig of verantwoordelijk voor dingen die niet jouw schuld zijn?** - Deze vraag beoordeelt de neiging om zich overmatig of ongepast schuldig te voelen.

5. **Huilen: Hoe vaak huilt u zonder duidelijke reden?** - Deze vraag beoordeelt de frequentie van huilen zonder duidelijke reden.

6. **Verlies van tevredenheid: Hoe vaak voelt u zich ontevreden of niet in staat om te genieten van dingen die u vroeger leuk vond?** - Deze vraag beoordeelt het verlies van plezier of interesse in eerder genoten activiteiten.

7. **Besluiteloosheid: Hoe vaak heeft u moeite om beslissingen te nemen?** - Deze vraag beoordeelt de moeilijkheden bij het nemen van beslissingen.

8. **Energieverlies: Hoe vaak voelt u zich moe of gebrek aan energie?** - Deze vraag beoordeelt de energieniveaus en algemene vermoeidheid.

9. **Veranderingen in eetlust: Hoe vaak heeft u veranderingen in uw eetlust opgemerkt (toename of afname)?** - Deze vraag evalueert veranderingen in de eetlust, zoals gewichtsverlies of gewichtstoename.

10. **Zelfmoordgedachten: Hoe vaak heeft u gedachten gehad om uzelf pijn te doen of te willen sterven?** - Deze vraag beoordeelt de aanwezigheid van zelfmoordgedachten.

De uiteindelijke BDI-score wordt verkregen door punten toe te kennen aan elk antwoord, volgens een vooraf gedefinieerde schaal. De totaalscore wordt gebruikt om de ernst van de depressieve symptomen te beoordelen. Een hogere score wijst bijvoorbeeld op een ernstiger depressie, terwijl een lagere score wijst op een minder ernstige depressie. Deze score kan worden gebruikt om veranderingen in de symptomen in de loop van de tijd te volgen en de effectiviteit van de behandeling te beoordelen. Een afname van de score wijst op een verbetering van de depressieve symptomen.

Regelmatige controle en evaluatie helpen om ervoor te zorgen dat de behandeling effectief is, om indien nodig veranderingen aan te brengen en om de motivatie van de patiënt tijdens het therapeutische proces te behouden.

Behandelplanning en het stellen van therapeutische doelen geven structuur en richting aan het therapeutische proces. Ze stellen de therapeut in staat zich te richten op de specifieke problemen die moeten worden behandeld, de vooruitgang te beoordelen en concrete, zinvolle resultaten te bevorderen. Door samen te werken met de therapeut kunnen patiënten actief deelnemen aan hun eigen reis naar welzijn.

Terugvalbeheer en -preventie

Terugvalbeheer en -preventie zijn belangrijke aspecten van cognitieve gedragstherapie. Terugvallen kunnen optreden na een periode van vooruitgang, en het is essentieel om strategieën te ontwikkelen om ze te identificeren en te voorkomen. Hier zijn enkele belangrijke elementen voor terugvalbeheer en -preventie:

7.1 Terugvaltekens herkennen

Het is cruciaal om te leren de voorbodes van een terugval te herkennen. Deze tekenen kunnen van persoon tot persoon verschillen, maar ze kunnen onder meer een toename van angst of depressie, het terugkeren van automatische negatieve gedachten, sociaal isolement, verminderde motivatie of een toename van problematisch gedrag omvatten.

Hier is een lijst van mogelijke tekenen van terugval, met een korte uitleg voor elk teken:

1. **Toename van angst:** Een algemene toename van angst kan zich uiten in overmatige bezorgdheid, catastrofale gedachten of een constante gevoel van spanning. **Bijvoorbeeld:** U begint toenemende angst te voelen in sociale situaties, vermijdt interacties met anderen uit angst voor beoordeling of vernedering.

2. **Toename van depressie:** Een toename van depressie kan zich uiten in gevoelens van verdriet, wanhoop, vermoeidheid en verlies van interesse in ooit genoten activiteiten. **Bijvoorbeeld:** U voelt zich voortdurend verdrietig, hebt moeite om plezier te vinden in activiteiten die u ooit leuk vond, en uw motivatie is aanzienlijk verminderd.

3. **Automatische negatieve gedachten:** Automatische negatieve gedachten kunnen vaker en intenser terugkeren. Dit kan onder meer gedachten van zelfverlaging, pessimisme of wanhoop omvatten. **Bijvoorbeeld:** U bekritiseert uzelf voortdurend, twijfelt aan uw

capaciteiten en ziet uzelf als een mislukking, zelfs als het bewijs het tegendeel suggereert.

4. **Sociale terugtrekking:** U kunt de neiging hebben om uzelf meer te isoleren, sociale interacties te vermijden of u ongemakkelijk te voelen in aanwezigheid van anderen. **Bijvoorbeeld:** U begint plannen met vrienden af te zeggen of sociale uitjes te vermijden, waarbij u de voorkeur geeft aan alleen thuis blijven.

5. **Vermindering van motivatie:** Uw motivatieniveau kan afnemen, waardoor het moeilijker wordt om dagelijkse taken uit te voeren of deel te nemen aan activiteiten die u na aan het hart liggen. **Bijvoorbeeld:** U vindt het moeilijk om uzelf te motiveren om uw professionele verantwoordelijkheden uit te voeren of deel te nemen aan vrijetijdsactiviteiten die u eerder leuk vond.

6. **Toename van problematisch gedrag:** U kunt een toename opmerken in problematisch gedrag, zoals vermijdingsgedrag, impulsief gedrag of het gebruik van weinig adaptieve verdedigingsmechanismen. **Bijvoorbeeld:** U begint verdedigingsmechanismen zoals projectie te gebruiken, waarbij u systematisch problemen aan anderen toeschrijft zonder verantwoordelijkheid te nemen voor uw eigen handelen.

Het is belangrijk op te merken dat deze tekenen kunnen variëren van persoon tot persoon. Het wordt aanbevolen om samen te werken met een geestelijke gezondheidsprofessional om uw specifieke tekenen van terugval te identificeren en preventiestrategieën te ontwikkelen die zijn afgestemd op uw persoonlijke situatie. Dit kan het bijhouden van een dagboek omvatten om veranderingen in stemming, terugkerende negatieve denkpatronen of ongewenst gedrag op te merken. Zodra tekenen van terugval zijn geïdentificeerd, kunnen preventiestrategieën worden geïmplementeerd.

7.2 Technieken voor het voorkomen van terugval

Technieken voor het voorkomen van terugval zijn gericht op het anticiperen en vermijden van mogelijke terugvallen. Hier zijn enkele veelgebruikte strategieën:

- <u>**Behoud van verworven vaardigheden:**</u>

Zodra effectieve vaardigheden en strategieën zijn ontwikkeld tijdens de therapie, is het belangrijk om ze regelmatig te blijven oefenen en versterken. Dit kan het voortzetten van het gebruik van cognitieve technieken, gedragstechnieken en stressbeheersingsvaardigheden omvatten die tijdens de therapie zijn geleerd.

Hoe te doen?

Om de verworven vaardigheden tijdens de therapie te behouden, zijn hier enkele suggesties:

1) **Regelmatige oefening:** Blijf de vaardigheden en strategieën die u tijdens de therapie hebt geleerd, regelmatig toepassen in uw dagelijks leven. Herhaal de oefeningen, ontspanningstechnieken, cognitieve herstructureringen en probleemoplossingsvaardigheden om deze vaardigheden te versterken.

2) **Zelfobservatie:** Ga door met het observeren van uw gedachten, emoties en gedrag, gebruikmakend van de zelfobservatievaardigheden die tijdens de therapie zijn ontwikkeld. Wees bewust van uw denkpatronen, emotionele reacties en gedragingen om deze indien nodig aan te passen.

3) **Journaling:** Houd een dagboek bij om uw gedachten, emoties en gedragingen te documenteren. Dit kan u helpen om terugkerende patronen te herkennen, situaties te identificeren die problematische reacties veroorzaken en uw voortgang in de loop van de tijd te evalueren.

4) **Positieve versterking:** Feliciteer en beloon uzelf wanneer u met succes de vaardigheden gebruikt die u tijdens de therapie hebt geleerd. Vier uw successen en erken de gemaakte vorderingen, zelfs de kleinste.

5) **Regelmatige herziening van technieken:** Herzie regelmatig de oefeningen en technieken die tijdens de therapie zijn geleerd om ervoor te zorgen dat je ze blijft onthouden. Dit kan het opnieuw lezen van je aantekeningen, het herzien van je actieplan of het herhalen van ontspanningsoefeningen omvatten.

6) **Sociale steun:** Omring jezelf met mensen die je groei en welzijn ondersteunen. Deel je ervaringen, successen en uitdagingen met vrienden, familieleden of ondersteuningsgroepen die je kunnen aanmoedigen en emotionele steun kunnen bieden.

7) **Regelmatige opvolging:** Indien mogelijk, overweeg regelmatige opvolging met je therapeut of neem deel aan periodieke gesprekssessies om je voortgang te bespreken, nieuwe uitdagingen aan te pakken en extra begeleiding te ontvangen.

Door regelmatig de tijd te nemen om de vaardigheden die je tijdens de therapie hebt geleerd, in de praktijk te brengen, versterk je je vermogen om met uitdagingen om te gaan en je emotioneel welzijn te behouden. Vergeet niet dat zelftherapie kan worden aangevuld met professionele ondersteuning van een therapeut, indien nodig.

- ### Planning van aanpassingsstrategieën:

De patiënt en de therapeut kunnen samenwerken om een specifiek actieplan op te stellen voor het geval van terugvalverschijnselen. Dit kan het identificeren van alternatieve aanpassingsstrategieën, het zoeken naar sociale ondersteuning, het gebruik van ontspanningstechnieken of het ondernemen van plezierige activiteiten om vroege terugvalsymptomen tegen te gaan, omvatten.

Hoe dan?

Hier is een voorbeeld van stappen voor het plannen van aanpassingsstrategieën in geval van terugvalverschijnselen:

1) **Identificatie van terugvalverschijnselen:** Werk samen met uw therapeut om specifieke tekenen van terugval te identificeren die relevant zijn voor uw situatie. Dit kan veranderingen in stemming, terugkerende negatieve gedachten of problematisch gedrag omvatten.

2) **Lijst van aanpassingsstrategieën :** Werk samen aan het opstellen van een lijst met aanpassingsstrategieën die u kunnen helpen om om te gaan met terugvalverschijnselen. Dit kan het omvatten van

ontspanningstechnieken, mindfulness-activiteiten, het gebruik van cognitieve technieken, deelname aan plezierige activiteiten of het zoeken naar sociale ondersteuning.

3) **Opstellen van een actieplan** : Op basis van de lijst met aanpassingsstrategieën stelt u een gedetailleerd actieplan op voor elke geïdentificeerde terugvalverschijnsel. Bijvoorbeeld, als u een toename van angst opmerkt, kan uw actieplan het oefenen van diepe ademhalingstechnieken of deelname aan ontspannende activiteiten omvatten.

4) **In de praktijk brengen** : Breng regelmatig de geïdentificeerde aanpassingsstrategieën in de praktijk, zelfs wanneer u geen tekenen van terugval ervaart. Dit zal u helpen om deze vaardigheden te versterken en ze beschikbaar te hebben wanneer u ze nodig heeft.

5) **Regelmatige herziening** : Herzie regelmatig uw actieplan met uw therapeut om ervoor te zorgen dat het geschikt blijft voor uw huidige situatie. U kunt aanpassingen maken of nieuwe strategieën toevoegen op basis van uw veranderende behoeften.

6) **Gebruik van visuele hulpmiddelen** : Om uw actieplan concreter te maken, kunt u een mindmap, een tabel of een visuele lijst maken met specifieke aanpassingsstrategieën voor elk teken van terugval. Dit kan u helpen om de stappen gemakkelijk te onthouden wanneer u met moeilijkheden wordt geconfronteerd.

7) **Regelmatige oefening** : Oefen regelmatig met aanpassingsstrategieën, zelfs als u zich goed voelt. Dit zal u helpen om deze vaardigheden te versterken en ze gemakkelijker toegankelijk te maken wanneer u ze nodig heeft.

Het plannen van aanpassingsstrategieën stelt u in staat om beter voorbereid te zijn om met tekenen van terugval om te gaan en snel te handelen om hun impact te verminderen. Samenwerken met uw therapeut is essentieel om een gepersonaliseerd actieplan te ontwikkelen dat aan uw specifieke behoeften voldoet.

- **<u>Versterking van ondersteunende bronnen :</u>**

Het is belangrijk om de beschikbare ondersteuningsbronnen te identificeren en te versterken, zoals familie, vrienden, ondersteuningsgroepen of gezondheidsprofessionals. Goede communicatie onderhouden met deze mensen kan waardevol zijn als u extra ondersteuning nodig heeft.

Hier zijn enkele stappen om uw ondersteuningsbronnen te versterken:

1) **Identificatie van ondersteuningsbronnen:** Identificeer de mensen of groepen die een bron van steun kunnen zijn in uw leven. Dit kan familieleden, naaste vrienden, vertrouwde collega's, online ondersteuningsgroepen of geestelijke gezondheidsprofessionals omvatten.

2) **Open communicatie:** Onderhoud open en eerlijke communicatie met uw ondersteuningsbronnen. Deel uw behoeften, uitdagingen en vooruitgang met hen. Wees bereid om hulp te vragen wanneer dat nodig is en sta open voor hun ondersteuning.

3) **Regelmatig contact onderhouden:** Plan regelmatig momenten in om contact te hebben met uw ondersteuningsbronnen. Dit kan in persoonlijke ontmoetingen, telefoongesprekken, berichten uitwisselen of deelnemen aan groepsbijeenkomsten. Regelmatig contact houden versterkt uw ondersteuningsnetwerk.

4) **Uw behoeften uiten:** Wees duidelijk over uw behoeften en verwachtingen ten opzichte van uw ondersteuningsbronnen. Communiceer openlijk over wat u het meest zou helpen in moeilijke tijden. Dit kan variëren van de behoefte aan luisteren, advies of positieve afleiding.

5) **Bied wederzijdse steun aan:** Steun is een tweerichtingsrelatie. Wees bereid om uw steunbronnen te ondersteunen wanneer dit mogelijk is. Luister actief, bied aanmoediging en wees er voor hen wanneer ze het nodig hebben.

6) **Verken nieuwe bronnen:** Als u merkt dat uw huidige steunbronnen beperkt zijn, zoek dan nieuwe mogelijkheden om uw ondersteuningsnetwerk uit te breiden. Dit kan het deelnemen aan gemeenschapsgroepen, zoeken naar online ondersteuningsgroepen of

het raadplegen van gezondheidsprofessionals voor aanvullend advies omvatten.

7) **Wees dankbaar:** Toon uw dankbaarheid jegens uw ondersteuningsbronnen. Uit uw waardering voor hun aanwezigheid en steun in uw leven. Dit versterkt de banden en bevordert een voortdurende relatie van wederzijdse steun.

Door uw ondersteuningsbronnen te versterken, creëert u een sterk netwerk dat u kan helpen om uitdagingen aan te gaan en uw emotioneel welzijn te behouden. Vergeet niet dat professionele ondersteuning van een therapeut ook een waardevolle bron kan zijn om in uw ondersteuningsplan op te nemen.

- **<u>Zelfbeheer en regelmatige follow-up:</u>**

Moedig de patiënt aan om een actieve rol te spelen in zijn eigen geestelijke gezondheid door zelfmanagement te beoefenen en proactief voor zichzelf te zorgen. Dit kan het voortzetten van zelfzorgtechnieken, regelmatige lichaamsbeweging, evenwichtige voeding, passende stressbeheersing en zoeken naar professionele ondersteuning indien nodig omvatten.

Hier zijn enkele suggesties voor zelfmanagement en regelmatige monitoring van uw mentaal welzijn:

✓ **Beoefening van zelfzorgtechnieken:** Identificeer de zelfzorgtechnieken die het beste bij u passen, zoals meditatie, diepe ademhaling, yoga, dagboekschrijven, creatieve activiteiten, inspirerend lezen of andere activiteiten die u troost en ontspanning brengen. Integreer deze praktijken in uw dagelijkse routine om goed voor uzelf te zorgen.

✓ **Regelmatige lichaamsbeweging :** Lichaamsbeweging heeft een positieve invloed op uw mentale welzijn. Vind een vorm van lichaamsbeweging die u leuk vindt, of het nu wandelen, hardlopen, fietsen, dansen of sporten is. Probeer regelmatig lichaamsbeweging te krijgen om uw energie te stimuleren, stress te verminderen en uw stemming te verbeteren.

✓ **Evenwichtige voeding :** Zorg ervoor dat u een evenwichtige en voedzame voeding handhaaft. Eet voedingsmiddelen die rijk zijn aan voedingsstoffen, vitaminen en mineralen. Vermijd bewerkte voedingsmiddelen en toegevoegde suikers zoveel mogelijk, omdat ze invloed kunnen hebben op uw energie en stemming.

✓ **Stressmanagement** : Leer stressmanagementtechnieken zoals ontspanning, meditatie of tijdsbeheer. Identificeer stressvolle situaties in uw leven en zoek gezonde en effectieve manieren om ze aan te pakken. Neem regelmatig pauzes en oefen activiteiten die u ontspannen en opladen.

✓ **Regelmatige controle** : Houd regelmatig uw mentale welzijn in de gaten. Denk na over uw humeur, emoties en stressniveau. Als u tekenen van verslechtering van uw mentale gezondheid opmerkt, neem dan maatregelen om extra ondersteuning te zoeken, hetzij door contact op te nemen met een geestelijke gezondheidsprofessional of door gebruik te maken van beschikbare ondersteuningsbronnen.

✓ **Plaats uzelf op de eerste plaats** : Neem de tijd om voor uzelf en uw behoeften te zorgen. Gun uzelf momenten van ontspanning, activiteiten waar u van geniet en kansen om op te laden. Leer nee te zeggen wanneer u rust nodig heeft of tijd voor uzelf wilt nemen.

Zelfbeheer en regelmatige controle stellen u in staat actief deel te nemen aan uw geestelijke gezondheid. Door zelfzorgpraktijken aan te nemen, regelmatig lichaamsbeweging te onderhouden, evenwichtig te eten, stress te beheersen en aandacht te besteden aan uw geestelijke gezondheid, creëert u de juiste omstandigheden voor uw welzijn en voortdurende gezondheid.

Door deze terugvalpreventiestrategieën te implementeren, is de patiënt beter voorbereid om mogelijke uitdagingen aan te gaan en de vooruitgang die tijdens de therapie is geboekt, te behouden. Dit bevordert veerkracht en een beter vermogen om terugval te voorkomen en langdurige geestelijke gezondheid te behouden.

Het is belangrijk op te merken dat het beheer van terugval en preventie doorlopende processen zijn. Patiënten kunnen gedurende hun hele reis hoogte- en dieptepunten ervaren, en het is normaal om met uitdagingen te worden geconfronteerd. Cognitieve gedragstherapie biedt de benodigde tools en strategieën om met deze situaties om te gaan en door te gaan naar optimale geestelijke gezondheid.

Specifieke toepassingen van cognitieve gedragstherapie

Cognitieve gedragstherapie is een veelzijdige benadering die kan worden gebruikt voor de behandeling van verschillende psychische problemen. Hier zijn enkele specifieke toepassingen van Cognitieve Gedragstherapie:

8.1 Angst en paniekstoornissen:

Cognitieve Gedragstherapie is effectief gebleken in de behandeling van angst en paniekstoornissen. Het maakt gebruik van geleidelijke blootstelling, responspreventie, cognitieve herstructurering en het aanleren van angstmanagementvaardigheden om individuen te helpen hun angsten te overwinnen en overmatige angst te verminderen.

> **Praktisch blad: Specifieke toepassingen van Cognitieve Gedragstherapie bij angst en paniekstoornissen**
>
> Cognitieve gedragstherapie (CGT) is een effectieve benadering voor de behandeling van angst en paniekstoornissen. Hier is een stapsgewijze handleiding voor het toepassen van CGT in deze gebieden:
>
> **Stap 1: Initiële Evaluatie**
>
> - Voer een grondige initiële evaluatie uit om de symptomen, stressfactoren en voorgeschiedenis van de patiënt te begrijpen. Gebruik gestandaardiseerde beoordelingsinstrumenten om angst en paniekstoornissen te beoordelen. **Bijvoorbeeld:** Gebruik zelfevaluatievragenlijsten zoals de Beck Anxiety Inventory (BAI) of de Panic and Agoraphobia Scale (PAS) om de ernst van de symptomen te beoordelen.
>
> **Stap 2: Psycho-educatie**

- Verschaf de patiënt psycho-educatie over angst en paniekstoornissen. Leg de onderliggende mechanismen uit, irrationele gedachten en fysieke reacties die gepaard gaan met angst. **Bijvoorbeeld:** Leg uit hoe catastrofale gedachten paniekaanvallen kunnen triggeren en hoe intense lichamelijke sensaties kunnen worden toegeschreven aan normale lichaamsreacties op angst.

Stap 3: Identificatie van automatische gedachten

- Help de patiënt bij het identificeren en herkennen van negatieve automatische gedachten die bijdragen aan angst en paniekaanvallen. Moedig hem aan om deze gedachten in een dagboek op te schrijven. **Bijvoorbeeld:** Moedig de patiënt aan om negatieve gedachten op te schrijven die tijdens een paniekaanval opkomen, zoals "Ik ga flauwvallen" of "Ik ga de controle verliezen".

Stap 4: Evaluatie van automatische gedachten

- Evalueer de geldigheid en realiteit van automatische gedachten door gebruik te maken van ondervragingstechnieken. Help de patiënt om bewijsmateriaal voor en tegen deze negatieve gedachten te onderzoeken. **Bijvoorbeeld:** Vraag de patiënt om het bewijsmateriaal voor en tegen zijn automatische gedachte te onderzoeken, zoals "Wat zijn de bewijzen dat ik flauwval?" of "Wat zijn de bewijzen dat dit in het verleden is gebeurd?".

Stap 5: Cognitieve herstructurering

- Help de patiënt bij het herschikken van zijn negatieve automatische gedachten door realistischere en positievere alternatieve gedachten te identificeren. Train hem om de negatieve gedachten te vervangen door deze alternatieve gedachten. **Bijvoorbeeld:** Moedig de patiënt aan om de gedachte "Ik zal flauwvallen" te vervangen door alternatieve gedachten zoals "Het is onwaarschijnlijk dat ik flauwval, omdat dit nog nooit is gebeurd".

Stap 6: Blootstelling en responspreventie

- Gebruik blootstellingstechnieken om de patiënt geleidelijk aan zijn angsten en angstige situaties aan te laten pakken. Leer hem strategieën om fysieke angstreacties te beheersen. **Bijvoorbeeld:** Stel de patiënt geleidelijk bloot aan situaties die angst veroorzaken, zoals naar openbare plaatsen gaan, terwijl u hem leert ontspanningstechnieken, ademhalingsoefeningen en spierontspanningstechnieken te gebruiken om angst te verminderen.

Stap 7: Het aanleren van aanpassingsvaardigheden

- Leer de patiënt aanpassingsvaardigheden zoals stressmanagement, probleemoplossing en assertieve communicatie om met stressvolle situaties om te gaan en terugval te voorkomen. **Bijvoorbeeld:** Leer de patiënt stressmanagementtechnieken, zoals zelfzorgplanning en regelmatige ontspannende activiteiten, om hem te helpen stressvolle situaties te beheersen die angst kunnen veroorzaken.

Stap 8: Opvolging en evaluatie van de voortgang

- Voer regelmatige beoordelingen uit om de voortgang van de patiënt bij het verminderen van angst- en panieksymptomen te meten. Pas het behandelplan indien nodig aan en moedig de patiënt aan om de verworven vaardigheden te behouden. **Bijvoorbeeld:** Gebruik periodieke beoordelingsvragenlijsten zoals de Hamilton Angst Schaal (HAM-A) om veranderingen in angstniveaus te beoordelen en de interventies dienovereenkomstig aan te passen.

Door deze stappen te volgen, kunt u Cognitieve Gedragstherapie (CGT) specifiek toepassen op angst- en paniekstoornissen. Het identificeren van automatische gedachten, cognitieve herstructurering, geleidelijke blootstelling en het aanleren van aanpassingsvaardigheden spelen een sleutelrol in het verminderen van symptomen en het verbeteren van het welzijn van de patiënt.

8.2 Depressie:

CGT wordt veelvuldig gebruikt voor de behandeling van depressie. Het richt zich op cognitieve herstructurering om negatieve denkpatronen te identificeren en te veranderen, evenals gedragsactivatie om betrokkenheid bij plezierige en bevredigende activiteiten aan te moedigen. CGT helpt individuen vaardigheden te verwerven om depressiesymptomen te beheersen en positieve aanpassingsstrategieën te ontwikkelen.

Praktijkblad: Specifieke toepassingen van CGT bij depressie

Cognitieve gedragstherapie (CGT) is een effectieve aanpak voor de behandeling van depressie. Het richt zich op het veranderen van negatieve denkpatronen, het bevorderen van aanpassend gedrag en het versterken van de hulpbronnen van de patiënt. Hier is een gedetailleerde stapsgewijze handleiding voor het toepassen van CGT bij de behandeling van depressie:

Stap 1: Initieel beoordelen

- Voer een grondige initiële beoordeling uit van de depressie van de patiënt. Identificeer specifieke symptomen, persoonlijke en familiegeschiedenis, stressfactoren en beschikbare hulpbronnen. **Bijvoorbeeld:** Gebruik zelfevaluatievragenlijsten zoals de Beck Depression Inventory (BDI) om de ernst van depressieve symptomen te beoordelen.

Stap 2: Casformulering

- Stel een casusformulering op die de factoren identificeert die bijdragen aan de depressie van de patiënt, zoals negatieve denkpatronen, triggerende gebeurtenissen en vermijdingsgedrag.

Voorbeeld: Identificeer negatieve automatische denkpatronen, zoals zelfverlaging en cognitieve vertekening, die de depressie van de patiënt in stand houden.

Stap 3: Stellen van therapeutische doelen

- Werk samen met de patiënt om specifieke, meetbare, haalbare, relevante en tijdgebonden therapeutische doelen (SMART) vast te stellen. De doelen moeten gericht zijn op het verminderen van depressieve symptomen, het verbeteren van het functioneren en het voorkomen van terugval. **Bijvoorbeeld:** Een SMART-therapeutisch doel zou kunnen zijn dat de patiënt de depressieve symptomen gemeten met de BDI binnen 3 maanden met 50% vermindert.

<u>**Stap 4: Cognitieve technieken**</u>

- Leer de patiënt cognitieve technieken om negatieve gedachten te identificeren, te beoordelen en te herstructureren. Help hen om cognitieve vertekeningen uit te dagen en realistischer en positiever te denken. **Bijvoorbeeld:** Gebruik de "gedachtekolom" oefening om de patiënt te helpen negatieve automatische gedachten te identificeren en te herstructureren.

<u>**Stap 5: Gedragstechnieken**</u>

- Introduceer gedragstechnieken om de activiteit en betrokkenheid bij plezierige activiteiten te verhogen. Moedig de patiënt aan om inactiviteits- en sociaal terugtrekkingsgedrag te identificeren en te doorbreken. **Bijvoorbeeld:** Gebruik gedragsactivatie om de patiënt te helpen bij het plannen en deelnemen aan plezierige activiteiten, zelfs als ze er niet meteen plezier aan beleven.

<u>**Stap 6: Training in Probleemoplossende Vaardigheden**</u>

- Leer de patiënt vaardigheden in probleemoplossing om hem te helpen bij het omgaan met dagelijkse uitdagingen en alternatieve oplossingen te vinden. Moedig het verkennen van verschillende opties en de evaluatie van mogelijke gevolgen aan. **Bijvoorbeeld:** Begeleid de patiënt door een gestructureerde probleemoplossingsprocedure, help hem bij het identificeren van problemen, het genereren van oplossingen en het kiezen van de beste optie.

<u>**Stap 7: Opvolging en Evaluatie van de Vooruitgang**</u>

- Voer regelmatige beoordelingen uit om de voortgang van de patiënt ten opzichte van de therapeutische doelen te evalueren. Pas de interventies indien nodig aan en moedig de patiënt aan om de verworven vaardigheden te behouden en te blijven oefenen. **Bijvoorbeeld:** Gebruik regelmatige follow-up vragenlijsten om de depressieve symptomen van de patiënt te beoordelen en veranderingen in de loop van de tijd bij te houden.

CGT in de behandeling van depressie combineert cognitieve, gedragstherapeutische en probleemoplossende technieken om patiënten te helpen hun negatieve denkpatronen te veranderen, hun betrokkenheid bij positieve activiteiten te vergroten en probleemoplossende vaardigheden te ontwikkelen. Door deze stapsgewijze benadering kunnen therapeuten hun patiënten effectief begeleiden op weg naar het verminderen van depressieve symptomen en het verbeteren van hun emotioneel welzijn.

8.3 Eetstoornissen :

CGT wordt vaak gebruikt bij de behandeling van eetstoornissen zoals anorexia, boulimia en eetbuienstoornis. Het richt zich op de cognitieve herstructurering van disfunctionele gedachten met betrekking tot lichaamsbeeld, voedsel en emotieregulatie. CGT helpt ook bij het ontwikkelen van gedragsstrategieën om eetgedrag te reguleren.

Praktijkblad: Specifieke toepassingen van CGT bij eetstoornissen

Cognitieve gedragstherapie (CGT) biedt effectieve benaderingen voor de behandeling van eetstoornissen zoals anorexia, boulimia en eetbuienstoornis. Hier is een gedetailleerde stapsgewijze gids voor het toepassen van CGT bij eetstoornissen:

Stap 1: Initiële Evaluatie

- Voer een grondige initiële beoordeling van de patiënt uit door informatie te verzamelen over zijn geschiedenis, eetgedrag, emoties gerelateerd aan eten en zelfbeeld. Gebruik specifieke beoordelingstools voor eetstoornissen. **Bijvoorbeeld:** Voer klinische interviews uit om restrictief gedrag, eetbuien, overtuigingen over gewicht en uiterlijk, en emotionele triggers te beoordelen.

Stap 2: Casusformulering

- Stel een casusformulering op die de verzamelde informatie bij de initiële beoordeling integreert. Identificeer factoren die eetstoornissen in stand houden, zoals onrealistische overtuigingen over gewicht en uiterlijk, disfunctionele denkpatronen en restrictieve of compenserende gedragingen. **Bijvoorbeeld:** Identificeer hoe perfectionistische overtuigingen en restrictief gedrag hebben bijgedragen aan de anorexia van de patiënt, waarbij een cyclus van overmatig gewichtsverlies en strikte controle over voedselinname wordt gehandhaafd.

Stap 3: Opstellen van therapeutische doelen

- Stel specifieke therapeutische doelen vast in samenwerking met de patiënt, gericht op problematische eetgewoonten, emotionele regulatie en verbetering van zelfbeeld. Doelen moeten haalbaar en meetbaar zijn. **Bijvoorbeeld:** Een therapeutisch doel zou kunnen zijn dat de patiënt een gezond gewicht bereikt door evenwichtige eetgewoonten aan te nemen en negatieve gedachten over uiterlijk te veranderen.

Stap 4: Planning van interventies

- Ontwikkel een gedetailleerd interventieplan met behulp van specifieke Cognitieve Gedragstherapie (CGT) technieken en strategieën voor eetstoornissen. Identificeer interventies zoals psycho-educatie, cognitieve herstructurering, emotieregulatie, maaltijdplanning en geleidelijke blootstelling aan gevreesd voedsel. **Bijvoorbeeld:** Plan therapiesessies gericht op het identificeren van disfunctionele eetgerelateerde gedachten, cognitieve herstructurering om onrealistische overtuigingen te veranderen en geleidelijke blootstelling aan gevreesd voedsel om vermijdingsgedrag te verminderen.

Stap 5: Uitvoering van de behandeling

- Implementeer het behandelplan door samen te werken met de patiënt. Gebruik Cognitieve Gedragstherapie (TCC) technieken om de patiënt te helpen vaardigheden te ontwikkelen op het gebied van intuïtief eten, om te gaan met moeilijke emoties en zelfrespect te verbeteren. **Bijvoorbeeld:** Begeleid de patiënt tijdens therapiesessies door cognitieve herstructureringsoefeningen uit te voeren om cognitieve vertekeningen met betrekking tot eten en lichaamsbeeld te identificeren, en gebruik geleidelijke blootstellingstechnieken om vermijdend eetgedrag te verminderen.

<u>**Stap 6: Monitoring en evaluatie van de voortgang**</u>

- Voer regelmatige beoordelingen uit om de voortgang van de patiënt ten opzichte van de therapeutische doelen te meten. Pas de interventies indien nodig aan en moedig de patiënt aan om de verworvenheden te behouden en door te blijven werken aan de moeilijkheden. **Bijvoorbeeld:** Gebruik periodieke zelfevaluatievragenlijsten om het eetgedrag, de emoties gerelateerd aan eten en het zelfbeeld van de patiënt te beoordelen, en pas de interventies dienovereenkomstig aan.

Door deze stappen te volgen, kunt u Cognitieve Gedragstherapie (TCC) effectief implementeren bij de behandeling van eetstoornissen. De initiële beoordeling, de casusformulering, het vaststellen van therapeutische doelen, het plannen van interventies, het uitvoeren van behandelingen en het volgen van de voortgang stellen u in staat om doelgericht en systematisch te werken om de patiënt te helpen gezonde eetgewoonten te ontwikkelen, het zelfbeeld te verbeteren en de moeilijkheden die verband houden met eetstoornissen te overwinnen.

8.4 Obsessieve-compulsieve stoornissen (OCS) :

CGT wordt beschouwd als een van de meest effectieve benaderingen voor de behandeling van OCS. Het maakt gebruik van blootstellingstechnieken met responspreventie om individuen te helpen hun obsessies aan te gaan en compulsief gedrag te verminderen. CGT helpt bij het veranderen van denkpatronen die verband houden met obsessies en het ontwikkelen van strategieën om OCS-symptomen te beheersen.

Praktijkblad: Specifieke toepassingen van CGT bij obsessieve-compulsieve stoornissen (OCS)

Obsessieve-compulsieve stoornissen (OCS) zijn angststoornissen die worden gekenmerkt door de aanwezigheid van terugkerende obsessies en herhaalde dwanghandelingen. Cognitieve gedragstherapie (CGT) wordt algemeen erkend als een effectieve benadering voor de behandeling van OCS. Hier is een stapsgewijze gids voor het toepassen van CGT bij de behandeling van OCS:

Stap 1 : Initiële evaluatie

- Voer een grondige beoordeling uit van de symptomen van OCS, inclusief obsessies, dwanghandelingen, triggers en de functionele impact op het dagelijks leven van de patiënt. Gebruik gestandaardiseerde beoordelingsinstrumenten om de ernst van de symptomen te beoordelen. **Bijvoorbeeld:** Gebruik de Hospital Anxiety and Depression Scale (HADS) om de ernst van angst en depressie te meten bij patiënten met OCS.

Stap 2 : Psycho-educatie

- Geef de patiënt educatieve informatie over OCS, de oorzaken, de mechanismen en de beschikbare behandelingsmogelijkheden. Help de patiënt begrijpen dat OCS een angststoornis is en dat obsessies intrusieve gedachten zijn die de realiteit niet weerspiegelen. **Bijvoorbeeld:** Leg de patiënt uit dat obsessies onvrijwillige gedachten zijn en compulsies repetitieve gedragingen zijn om angst te verminderen, maar dat ze op de lange termijn contraproductief kunnen zijn.

Stap 3 : Expositiehiërarchie

- Help de patiënt bij het opstellen van een hiërarchie van geleidelijke blootstellingen, beginnend met situaties die matige angst veroorzaken en voortgaand naar de meest gevreesde situaties. Identificeer specifieke obsessies en bijbehorende dwanggedragingen voor elke situatie. **Bijvoorbeeld:** Voor een patiënt met een besmettingsobsessie kan de hiërarchie beginnen met het aanraken van licht vervuilde objecten en voortgaan naar meer angstige situaties, zoals het aanraken van potentieel besmette objecten.

Stap 4 : Blootstelling en responspreventie

- Voer blootstellingssessies uit door de patiënt geleidelijk en gecontroleerd bloot te stellen aan de gevreesde situaties in de blootstellinghiërarchie. Moedig de patiënt aan om het uitvoeren van dwanghandelingen te weerstaan door responspreventiestrategieën te gebruiken. **Bijvoorbeeld:** In het geval van een patiënt met een besmettingsobsessie, blootstel hem aan licht vervuilde objecten en moedig hem aan om de drang om direct daarna zijn handen te wassen, te weerstaan.

Stap 5 : Cognitieve herstructurering

- Werk samen met de patiënt om obsessieve en onrealistische gedachten en schadelijke overtuigingen die verband houden met OCD te identificeren en in twijfel te trekken. Onderwijs cognitieve herstructureringstechnieken om de patiënt te helpen disfunctionele denkpatronen te veranderen. **Bijvoorbeeld:** Help de patiënt om automatische gedachten zoals *"Als ik mijn handen niet was, zal ik ziek worden"* te identificeren en te vervangen door realistischere gedachten zoals *"Het is onwaarschijnlijk dat ik ziek word door dit object aan te raken"*.

Stap 6 : Onderhoud en voorkomen van terugval

- Zorg ervoor dat de patiënt over onderhoudsstrategieën beschikt om de behaalde resultaten te behouden en terugval te voorkomen. Moedig regelmatige praktijk van de tijdens de therapie geleerde technieken aan en bied indien nodig aanvullende ondersteuningsbronnen aan. **Bijvoorbeeld:** Stel voor dat de patiënt regelmatig wordt blootgesteld aan angstige situaties, zelfhulpstrategieën gebruikt zoals ontspanning en familieleden betrekt bij voortdurende ondersteuning.

Door deze stappen te gebruiken bij het toepassen van CGT in de behandeling van OCD, kunt u de patiënt helpen om zijn obsessies aan te pakken en compulsief gedrag te verminderen. De combinatie van geleidelijke blootstelling, responspreventie en cognitieve herstructurering is essentieel om de symptomen van OCD te overwinnen en de kwaliteit van leven te verbeteren.

8.5 Persoonlijkheidsstoornissen :

CGT kan worden gebruikt voor de behandeling van persoonlijkheidsstoornissen, zoals borderline persoonlijkheidsstoornis, vermijdende persoonlijkheidsstoornis of afhankelijke persoonlijkheidsstoornis. Het richt zich op het veranderen van disfunctionele denkpatronen en gedrag, evenals op het ontwikkelen van gezondere en functionelere aanpassingsvaardigheden.

Cognitieve gedragstherapie (CGT) kan een effectieve tool zijn voor de behandeling van persoonlijkheidsstoornissen. Hier is een gedetailleerde stapsgewijze gids voor de toepassing van CGT bij persoonlijkheidsstoornissen:

Stap 1: Initiële evaluatie

- Voer een grondige initiële beoordeling van de patiënt uit, waarbij informatie wordt verzameld over zijn persoonlijke geschiedenis, symptomen, denkpatronen en gedragingen die verband houden met zijn persoonlijkheidsstoornis. **Bijvoorbeeld:** Identificeer rigide denkpatronen, impulsief gedrag of specifieke interpersoonlijke problemen die verband houden met de persoonlijkheidsstoornis van de patiënt.

Stap 2: Casusformulering

- Ontwikkel een casusformulering die de informatie integreert die is verzameld tijdens de initiële beoordeling. Identificeer factoren die de symptomen van de patiënt in stand houden, zoals beperkende overtuigingen, disfunctionele gedragspatronen of triggers. **Bijvoorbeeld:** Onderzoek hoe negatieve verlatingsgerelateerde denkpatronen het vermijdingsgedrag en interpersoonlijke problemen van de patiënt hebben beïnvloed.

Stap 3: Vaststellen van therapeutische doelen

- Stel duidelijke, specifieke en meetbare therapeutische doelen vast in samenwerking met de patiënt. De doelen moeten gericht zijn op veranderingen in denkpatronen, gedragingen en disfunctionele patronen die verband houden met de persoonlijkheidsstoornis. **Bijvoorbeeld:** Een therapeutisch doel zou kunnen zijn dat de patiënt assertieve vaardigheden ontwikkelt om zijn interpersoonlijke relaties te verbeteren en zelfverlaging te verminderen.

Stap 4: Interventieplanning

* Ontwikkel een gedetailleerd interventieplan met behulp van Cognitieve Gedragstherapie (CGT) technieken en strategieën die geschikt zijn voor persoonlijkheidsstoornissen. Identificeer specifieke interventies die moeten worden uitgevoerd om therapeutische doelen te bereiken. **Bijvoorbeeld:** Plan therapiezittingen gericht op technieken zoals cognitieve herstructurering, training in emotieregulatievaardigheden, mindfulness-therapie en geleidelijke blootstelling om de disfunctionele denkpatronen van de patiënt aan te pakken.

Stap 5: Uitvoering van de behandeling

* Voer het behandelplan uit in samenwerking met de patiënt. Gebruik Cognitieve Gedragstherapie (CGT) technieken om de patiënt te helpen emotionele regulatievaardigheden te ontwikkelen, beperkende denkpatronen te veranderen en adaptiever gedrag aan te nemen. **Bijvoorbeeld:** Tijdens therapiezittingen begeleidt u de patiënt bij cognitieve herstructureringsoefeningen om negatieve automatische gedachten die verband houden met zijn persoonlijkheidsstoornis te betwisten.

Stap 6: Opvolging en evaluatie van de voortgang

* Voer regelmatige beoordelingen uit om de voortgang van de patiënt ten opzichte van de therapeutische doelen te evalueren. Pas indien nodig de interventies aan en moedig de patiënt aan om de verworvenheden te behouden en te blijven werken aan specifieke problemen met betrekking tot de persoonlijkheidsstoornis. **Bijvoorbeeld:** Gebruik symptoombeoordelingsschalen en follow-up vragenlijsten om veranderingen in denkpatronen, gedrag en symptomen geassocieerd met de persoonlijkheidsstoornis te beoordelen.

Door deze stappen te volgen, kunt u de behandeling van persoonlijkheidsstoornissen systematisch plannen en passende therapeutische doelen stellen in de Cognitieve Gedragstherapie (CGT). De sterke casusformulering en gedetailleerde interventieplanning zullen u begeleiden bij het toepassen van specifieke CGT-technieken die geschikt zijn voor de persoonlijkheidsstoornis van de patiënt.

8.6 Slaapstoornissen:

CGT is effectief in de behandeling van slaapstoornissen zoals slapeloosheid. Het maakt gebruik van technieken zoals slaaprestrictie, ontspanning en cognitieve herstructurering om de kwaliteit en duur van de slaap te verbeteren.

Praktisch document: Specifieke toepassingen van CGT bij slaapstoornissen

Cognitieve gedragstherapie (CGT) biedt effectieve benaderingen voor de behandeling van slaapstoornissen zoals slapeloosheid en slaapapneu. Hier is een gedetailleerde stapsgewijze handleiding voor de toepassing van CGT bij slaapstoornissen:

Stap 1: Initiële Evaluatie

- Voer een uitgebreide evaluatie uit van de slaapstoornis door informatie te verzamelen over slaappatronen, slaapgewoonten, stressfactoren, emoties en slaapgerelateerd gedrag. Gebruik indien nodig gestandaardiseerde beoordelingstools. **Bijvoorbeeld:** Voer grondige klinische interviews uit en gebruik zelfevaluatievragenlijsten om de slaapkwaliteit, slaapgewoonten en gerelateerde stoornissen zoals angst of depressie te beoordelen.

Stap 2: Casusformulering

- Ontwikkel een casusformulering die de factoren identificeert die de slaapstoornis in stand houden, zoals angstige gedachten over slaap, onregelmatige slaapgewoonten of verstorende omgevingsfactoren. **Bijvoorbeeld:** Identificeer hoe slaapgerelateerde zorgen en onregelmatige slaapgewoonten bijdragen aan de slapeloosheid van de patiënt, waardoor een vicieuze cirkel van angst en slechte slaapkwaliteit ontstaat.

Stap 3: Vaststellen van therapeutische doelen

* Stel specifieke en meetbare therapeutische doelen op in samenwerking met de patiënt. Doelen kunnen onder meer het verbeteren van de slaapkwaliteit, het verminderen van slapeloosheidssymptomen en het aannemen van gezonde slaapgewoonten omvatten. **Bijvoorbeeld:** Een therapeutisch doel zou kunnen zijn dat de patiënt zes uur ononderbroken slaap per nacht bereikt en zich overdag uitgerust en energiek voelt.

Stap 4: CBT-technieken voor slaapstoornissen

* Gebruik specifieke CBT-technieken om slaapstoornissen te behandelen, zoals slaapbeperking, slaaphygiëne en ontspanning.

Voorbeeld:

✓ Slaapbeperking: Stel een regelmatig slaapschema in door de tijd in bed te beperken tot alleen slapen en overmatige dutjes te vermijden.
✓ Slaaphygiëne: Neem gezonde slaapgewoonten aan voordat u gaat slapen, zoals het creëren van een geschikte slaapomgeving, het vermijden van stimulerende middelen en schermen voor het slapengaan, en het bevorderen van ontspanning.
✓ Ontspanningstechnieken: Leer ontspanningstechnieken, zoals diepe ademhaling, meditatie of spierontspanning, om angst te verminderen en een vredige slaap te bevorderen.

Stap 5: Uitvoering van de behandeling

* Voer het behandelplan uit door nauw samen te werken met de patiënt. Moedig het toepassen van geleerde technieken aan, het bijhouden van een slaapdagboek en het observeren van de voortgang. **Bijvoorbeeld:** Stimuleer de patiënt om een slaapdagboek bij te houden om slaapgewoonten, vermoeidheidsniveaus en factoren die van invloed zijn op de slaapkwaliteit bij te houden. Gebruik deze informatie om interventies aan te passen en de voortgang te meten.

<u>**Stap 6: Volgen en beoordelen van de voortgang**</u>

- Voer regelmatige beoordelingen uit om de voortgang van de patiënt ten opzichte van de behandelingsdoelen te evalueren. Pas indien nodig interventies aan en moedig de patiënt aan om op lange termijn gezonde slaapgewoonten te behouden.

Voorbeeld: Voer regelmatige follow-ups uit om veranderingen in de slaapkwaliteit van de patiënt, de overname van nieuwe slaapgewoonten en de vermindering van insomnia-symptomen te beoordelen. Pas de technieken aan op basis van de behaalde resultaten.

Door deze stappen te volgen, kan CGT mensen met slaapstoornissen helpen hun slaapkwaliteit te verbeteren, slapeloosheid symptomen te verminderen en gezonde slaapgewoonten aan te nemen. Een grondige initiële beoordeling, nauwkeurige casusformulering en het toepassen van specifieke CGT-technieken stellen een gepersonaliseerd en effectief behandelplan op voor slaapstoornissen.

8.7 Stressmanagement:

CGT wordt gebruikt om individuen effectief te helpen stress te beheren. Het leert ontspanningstechnieken, probleemoplossing, cognitieve herstructurering en tijdsbeheer aan om stressreacties te verminderen en optimaal mentaal welzijn te bevorderen.

Praktisch blad: Specifieke toepassingen van Cognitieve Gedragstherapie (CGT) bij stressmanagement

Cognitieve Gedragstherapie (CGT) biedt effectieve tools en strategieën voor stressmanagement. Hier is een stapsgewijze gids voor het toepassen van CGT bij stressmanagement:

<u>**Stap 1: Beoordeling van het stressniveau**</u>

- Begin met het beoordelen van je huidige stressniveau. Identificeer de situaties, gedachten en emoties die bijdragen aan je stress. **Bijvoorbeeld:** Maak aantekeningen van specifieke situaties waarin je de meeste stress ervaart, zoals strakke deadlines op het werk of interpersoonlijke conflicten.

Stap 2: Identificatie van stressvolle gedachten

- Identificeer de negatieve automatische gedachten die bijdragen aan uw stress. Wees u bewust van negatieve en onredelijke denkpatronen. **Bijvoorbeeld:** Identificeer gedachten als "Ik kan deze situatie niet aan" of "Alles zal fout gaan".

Stap 3: Cognitieve herstructurering

- Gebruik de techniek van cognitieve herstructurering om stressvolle gedachten te veranderen. Vervang negatieve gedachten door meer realistische en positieve gedachten. **Bijvoorbeeld:** Vervang de gedachte "Ik kan deze situatie niet aan" door "Ik kan oplossingen vinden en deze situatie effectief beheren".

Stap 4: Emotiebeheer

- Leer technieken voor emotionele regulatie om emotionele stress te beheersen. Oefen ontspanningstechnieken zoals diepe ademhaling of meditatie om lichaam en geest te kalmeren. **Bijvoorbeeld:** Neem elke dag enkele minuten de tijd om te ontspannen en diepe ademhalingsoefeningen te doen.

Stap 5: Beheer van stressgerelateerd gedrag

- Identificeer problematische gedragingen die uw stress kunnen verergeren, zoals uitstelgedrag of vermijding. Ontwikkel strategieën om deze gedragingen te veranderen en aan te passen aan meer adaptieve reacties. **Bijvoorbeeld:** Stel een actieplan op om stressvolle taken te beheren door ze op te splitsen in kleinere stappen en realistische deadlines vast te stellen.

Stap 6: Tijd- en activiteitenbeheer

- Gebruik tijdmanagementtechnieken om uw activiteiten beter te organiseren en stressbronnen in verband met tijdsbeheer te verminderen.

Bijvoorbeeld: Gebruik een agenda of kalender om uw taken en activiteiten realistisch te plannen, met voldoende tijd voor pauzes en ontspanning.

Stap 7: Assertieve communicatie

- Leer assertief communiceren om uw behoeften en grenzen duidelijk en respectvol uit te drukken, waardoor conflicten en interpersoonlijke stress verminderd worden. **Bijvoorbeeld:** Oefen het uiten van uw behoeften en grenzen in moeilijke communicatiesituaties door gebruik te maken van assertieve zinnen en het constructief uiten van uw emoties.

Stap 8: Voorkomen van terugval

- Ontwikkel strategieën om terugval van langdurige stress te voorkomen. Identificeer potentiële stressfactoren en stel aanpassingsmechanismen op om deze proactief aan te pakken. **Bijvoorbeeld:** Identificeer situaties of gebeurtenissen die uw stress kunnen triggeren en ontwikkel preventieve actieplannen om ze te beheersen.

Door deze stappen te volgen, kunt u cognitieve gedragstherapie effectief toepassen bij stressmanagement. Cognitieve gedragstherapie biedt concrete tools om stressvolle gedachten te veranderen, emoties te reguleren, adaptieve gedragingen aan te nemen en terugval te voorkomen. Aarzel niet om een gekwalificeerde therapeut te raadplegen om u gedurende dit proces te begeleiden.

8.8 Verslaving en afhankelijkheid:

CBT wordt gebruikt in de behandeling van verslavingen en afhankelijkheden, zoals alcohol-, drugs- of gokverslaving. Het richt zich op het identificeren van denkpatronen en gedragingen die verband houden met verslaving, evenals op het versterken van vaardigheden voor weerstand en verlangensbeheersing.

Praktijkblad: Specifieke toepassingen van CBT bij verslaving en afhankelijkheid

Cognitieve gedragstherapie (CGT) is een veelgebruikte klinische benadering in de behandeling van verslaving en afhankelijkheid. Het richt zich op het identificeren van disfunctionele denk- en gedragspatronen die geassocieerd worden met verslaving, evenals op het ontwikkelen van strategieën om ze te veranderen en duurzaam herstel te bevorderen. Hier is een stapsgewijze handleiding voor het toepassen van CGT in de behandeling van verslaving en afhankelijkheid:

Stap 1: Eerste evaluatie

- Voer een uitgebreide beoordeling uit van de afhankelijkheid en de fysieke, psychologische en sociale gevolgen ervan. Verzamel informatie over het gebruiksgeschiedenis, stressfactoren, triggers en negatieve gevolgen die geassocieerd worden met de verslaving.

Stap 2: Educatie en bewustwording

- Verschaf educatieve informatie over verslaving en de mechanismen ervan om de patiënt te helpen begrijpen wat de biologische, psychologische en sociale aspecten van zijn verslaving zijn. Help hem bewust te worden van de gedachten, emoties en gedragingen die met zijn verslaving samenhangen.

Stap 3: Identificatie van triggers en denkpatronen

- Help de patiënt bij het identificeren van interne en externe triggers die bijdragen aan zijn verslavend gedrag. Werk aan het herkennen van disfunctionele denkpatronen die verband houden met verslaving, zoals rechtvaardigings-, minimalisatie- of ontkenninggedachten.

Stap 4 : Cognitieve herstructurering

- Gebruik cognitieve herstructureringstechnieken om de patiënt te helpen zijn negatieve en disfunctionele denkpatronen uit te dagen en te veranderen. Moedig het onderzoeken van onderliggende overtuigingen aan en zoek naar tegenstrijdig bewijs om positievere en realistischere gedachten te ondersteunen.

Stap 5 : Beheer van verlangens en consumptiegedrag

- Leer technieken voor het beheersen van verlangens en consumptiegedrag om de patiënt te helpen om te gaan met situaties met een hoog risico en weerstand te bieden aan consumptieprikkels. Gebruik technieken zoals terugvalpreventie, zelfmonitoring en het gebruik van gezonde aanpassingsstrategieën.

Stap 6 : Ontwikkeling van alternatieve levensvaardigheden

- Help de patiënt bij het ontwikkelen van alternatieve en gezonde levensvaardigheden om het consumptiegedrag te vervangen. Identificeer positieve activiteiten, stressbeheersingstechnieken en probleemoplossingsstrategieën om een gebalanceerde en bevredigende levensstijl te bevorderen.

Stap 7 : Sociale ondersteuning en ondersteuningsnetwerken

- Moedig de patiënt aan om deel te nemen aan ondersteuningsnetwerken zoals peer-supportgroepen of herstelprogramma's om sociale ondersteuning en wederzijdse hulp te versterken. Bevorder effectieve communicatie en moedig actieve deelname aan in deze netwerken.

Stap 8 : Opvolging en terugvalpreventie

- Plan regelmatige follow-up sessies om de voortgang van de patiënt te beoordelen, verworven vaardigheden te versterken en terugval te voorkomen. Gebruik terugvalpreventietechnieken zoals het herkennen van terugvalsignalen, het plannen van een actieplan en het ontwikkelen van strategieën voor het omgaan met risicovolle situaties.

Stap 9 : Langdurige ondersteunende zorg

- Bevorder toegang tot langdurige ondersteunende zorg om de patiënt te helpen zijn vooruitgang te behouden en de uitdagingen na de behandeling aan te gaan. Moedig deelname aan follow-up therapieën, ondersteuningsgroepen en andere relevante gemeenschapsbronnen aan.

Door deze stappen van Cognitieve Gedragstherapie (CGT) toe te passen bij de behandeling van verslaving en afhankelijkheid, kunt u de patiënt helpen bij het begrijpen en veranderen van de denk- en gedragspatronen die verband houden met zijn verslaving, het ontwikkelen van vaardigheden om verlangens en consumptiegedrag te beheren, het versterken van zijn sociale ondersteuning en het voorkomen van terugval. CGT biedt een gestructureerde en effectieve benadering om remissie te ondersteunen en een nuchtere en evenwichtige levensstijl te bevorderen.

8.9 Tijdsbeheerproblemen :

CGT kan worden gebruikt om individuen te helpen hun tijdsbeheer te verbeteren en strategieën te ontwikkelen voor planning, taakprioritering en afleidingenbeheer. Het kan nuttig zijn voor mensen die moeite hebben met het organiseren van hun tijd en het bereiken van hun doelen.

Praktische Handleiding: Tijdsbeheerproblemen in CGT

Cognitieve Gedragstherapie (CGT) kan met succes worden toegepast om problemen met tijdsbeheer te behandelen. Hier is een gedetailleerde stapsgewijze handleiding voor het gebruik van CGT bij tijdsbeheer:

Stap 1: Initiële Beoordeling

- Voer een grondige initiële beoordeling uit om de specifieke tijdsbeheerproblemen van de patiënt te begrijpen. Identificeer problematisch gedrag, beperkende overtuigingen en obstakels die effectief tijdsgebruik belemmeren.

Voorbeeld: Identificeer of de patiënt moeite heeft met prioriteiten stellen, afleiding beheren of zijn/haar tijd organiseren.

Stap 2: Vaststellen van Therapeutische Doelen

- Stel duidelijke en specifieke therapeutische doelen vast in samenwerking met de patiënt. De doelen moeten zijn afgestemd op de geïdentificeerde tijdsbeheerproblemen en gericht zijn op het verbeteren van tijdsbeheervaardigheden.

Voorbeeld: Een therapeutisch doel zou kunnen zijn dat de patiënt in staat is om een gestructureerd en realistisch schema te maken om zijn/haar verantwoordelijkheden en activiteiten effectief te beheren.

Stap 3: Identificatie van beperkende gedachten en overtuigingen

- Help de patiënt bij het identificeren van beperkende gedachten en overtuigingen die bijdragen aan slecht tijdbeheer. Verken overtuigingen zoals uitstelgedrag, perfectionisme of moeite met nee zeggen.

Voorbeeld: Identificeer of de patiënt de neiging heeft om te denken "Ik kan niet beginnen tenzij ik zeker weet dat ik het perfect doe" of "Ik wil anderen niet teleurstellen door hun verzoeken af te wijzen".

Stap 4: Cognitieve herstructurering

- Werk samen met de patiënt om beperkende gedachten en overtuigingen met betrekking tot tijdmanagement te herstructureren. Help hem/haar om meer adaptieve en realistische gedachten aan te nemen die effectiever tijdbeheer bevorderen.

Voorbeeld: Vervang de overtuiging "Ik moet alles perfect doen" door "Ik kan mijn best doen binnen de beschikbare tijd en dat zal voldoende zijn".

Stap 5: Ontwikkeling van tijdmanagementvaardigheden

- Leer de patiënt praktische tijdmanagementvaardigheden om zijn/haar efficiëntie te verbeteren. Dit kan onder meer planning, taakprioritering, omgaan met onderbrekingen, delegeren, stressmanagement en het gebruik van hulpmiddelen zoals takenlijsten en kalenders omvatten.

Voorbeeld: Leer de patiënt planningsvaardigheden, zoals het maken van een dagelijkse takenlijst en het prioriteren van taken op basis van hun belang en urgentie.

Stap 6: Geleidelijke blootstelling en versterking

- Gebruik geleidelijke blootstellingstechnieken om de patiënt geleidelijk bloot te stellen aan situaties die moeilijk kunnen zijn op het gebied van tijdsbeheer. Versterk positief gedrag in verband met effectief tijdsbeheer.

Voorbeeld: Moedig de patiënt aan om zich bezig te houden met een moeilijke taak door positieve versterking te bieden, zoals aangename pauzes of beloningen na voltooiing van de taak.

8.10 Specifieke Fobieën :

CGT is effectief bij de behandeling van specifieke fobieën, zoals hoogtevrees, dierenfobieën of claustrofobie. Het maakt gebruik van geleidelijke blootstellingsmethoden om individuen te helpen hun angsten progressief onder ogen te zien en de bijbehorende angst te verminderen.

Praktisch overzicht: Specifieke toepassingen van CGT bij specifieke fobieën

Specifieke fobieën zijn intense en irrationele angsten gerelateerd aan specifieke objecten, situaties of activiteiten. Cognitieve gedragstherapie (CGT) biedt effectieve technieken voor de behandeling van specifieke fobieën. Hier is een stapsgewijze handleiding voor de toepassing van CGT bij de behandeling van specifieke fobieën:

Stap 1: Initiële evaluatie

- Voer een gedetailleerde initiële evaluatie uit van de specifieke fobie van de patiënt door informatie te verzamelen over de aard van de fobie, de triggerende situaties en de impact op het dagelijkse leven van de patiënt.

Voorbeeld: Identificeer de specifieke fobie van de patiënt, zoals spinnenfobie, door de situaties waarin de angst wordt opgeroepen en de gevolgen van de fobie voor het leven van de patiënt te beschrijven.

Stap 2: Voorlichting over de fobie

* Geef de patiënt educatieve informatie over de specifieke fobie, waarbij de mechanismen van angst, fysiologische reacties en irrationele gedachten geassocieerd met de fobie worden uitgelegd.

Voorbeeld: Leg de patiënt uit dat intense angst voor spinnen een natuurlijke reactie is, maar dat deze in het geval van een specifieke fobie overdreven en irrationeel kan zijn.

Stap 3: Cognitieve herstructurering

* Help de patiënt bij het identificeren en betwisten van irrationele gedachten die verband houden met de specifieke fobie. Leer cognitieve herstructureringstechnieken om negatieve gedachten te vervangen door meer realistische en positieve gedachten.

Voorbeeld: Moedig de patiënt aan om negatieve gedachten zoals "Alle spinnen zijn gevaarlijk" te identificeren en te vervangen door meer realistische gedachten zoals "De meeste spinnen zijn onschadelijk en zullen me geen kwaad doen".

Stap 4: Progressieve blootstellingstechnieken

* Gebruik progressieve blootstellingstechnieken om de patiënt geleidelijk te confronteren met de specifieke fobie. Ontwikkel een hiërarchie van situaties gerelateerd aan de fobie, van de minst angstige tot de meest angstige, en begeleid de patiënt bij geleidelijke blootstelling aan deze situaties.

Voorbeeld: Als de patiënt een spinnenfobie heeft, begin dan met blootstelling aan afbeeldingen van spinnen, ga dan over op video's en moedig ten slotte echte ontmoetingen met spinnen onder gecontroleerd toezicht aan.

Stap 5: Ontspanningstechnieken

- Leer de patiënt ontspanningstechnieken zoals diepe ademhaling, progressieve spierontspanning of meditatie om de angst die verband houdt met de specifieke fobie te verminderen.

Voorbeeld: Begeleid de patiënt bij het oefenen van diepe ademhalingsoefeningen tijdens blootstelling aan situaties die verband houden met de fobie, om ontspanning te bevorderen en angstreacties te verminderen.

<u>Stap 6: Positieve versterking en onderhoud</u>

- Moedig de patiënt aan om regelmatig de geleerde technieken te oefenen en de behaalde vooruitgang te erkennen. Gebruik positieve versterking om inspanningen te belonen en behaalde resultaten te behouden.

Voorbeeld : Feliciteer de patiënt voor elke succesvolle blootstelling en moedig hem aan om door te gaan met blootstelling aan situaties die verband houden met de specifieke fobie om de verworvenheden te behouden.

Door deze stappen te volgen, kunt u CGT effectief toepassen bij de behandeling van specifieke fobieën. Het identificeren van irrationele gedachten, het gebruik van geleidelijke blootstellingstechnieken en het aanleren van ontspanningsstrategieën zijn essentiële elementen om individuen te helpen hun specifieke fobieën te overwinnen en een verbeterde kwaliteit van leven te herwinnen.

Deze specifieke toepassingen van cognitieve gedragstherapie illustreren de veelzijdigheid en aanpasbaarheid ervan bij de behandeling van verschillende psychologische problemen. CGT biedt concrete technieken en strategieën om individuen te helpen hun moeilijkheden te overwinnen en hun mentaal en emotioneel welzijn te verbeteren.

Conclusie

In conclusie is cognitieve gedragstherapie een krachtige en effectieve benadering voor de behandeling van psychologische problemen. Het is gebaseerd op het idee dat onze gedachten, emoties en gedragingen met elkaar verbonden zijn, en dat door deze aspecten te veranderen, we ons mentale en emotionele welzijn kunnen verbeteren. Dit boek heeft de fundamentele principes van cognitieve gedragstherapie verkend en biedt een uitgebreid en praktisch begrip van deze benadering. We hebben gekeken naar de basisprincipes van cognitieve gedragstherapie, waaronder het cognitieve model, het gedragsmodel en de geïntegreerde aanpak. We hebben ook specifieke cognitieve en gedragsmatige technieken verkend die worden gebruikt in CGT, zoals het identificeren van automatische gedachten, cognitieve herstructurering, blootstelling en responspreventie, gedragsactivatie, ontspanningstechnieken, sociale vaardigheidstraining, en nog veel meer.

Bovendien hebben we specifieke toepassingen van Cognitieve Gedragstherapie behandeld, met name in de behandeling van angst, depressie, eetstoornissen, obsessief-compulsieve stoornissen, persoonlijkheidsstoornissen, slaapstoornissen, stressmanagement, verslavingen, tijdsbeheerproblemen en specifieke fobieën.

Tot slot hebben we behandeld hoe men een behandeling plant, therapeutische doelen stelt, omgaat met terugvallen en preventie. Deze elementen zijn essentieel om het therapeutische proces te sturen, de voortgang te meten en behaalde resultaten te behouden.

Cognitieve Gedragstherapie biedt concrete en praktische instrumenten om individuen te helpen hun denkpatronen, emoties en gedrag te begrijpen en te veranderen, wat leidt tot een algehele verbetering van de mentale en emotionele gezondheid. Of je nu nieuw bent in het veld van Cognitieve Gedragstherapie of je kennis wilt verdiepen, dit boek heeft je een sterke basis gegeven om deze aanpak verder te verkennen en toe te passen in je dagelijks leven. Of het nu gaat om het overwinnen van angst, depressie, eetstoornissen of andere uitdagingen, Cognitieve Gedragstherapie kan je de nodige instrumenten en middelen bieden om volledig te gedijen.

www.ingramcontent.com/pod-product-compliance
Lightning Source LLC
Chambersburg PA
CBHW050928260726
48660CB00001B/455